冯萍 著

以改促进，提升素养

——小学语文阅读教学课堂改进实践研究

中国出版集团　现代出版社

图书在版编目（CIP）数据

以改促进，提升素养：小学语文阅读教学课堂改进
实践研究 / 冯萍著. — 北京：现代出版社，2023.7

ISBN 978-7-5231-0373-9

Ⅰ.①以… Ⅱ.①冯… Ⅲ.①阅读课—教学研究—小
学 Ⅳ.①G623.232

中国国家版本馆CIP数据核字（2023）第107955号

以改促进，提升素养：小学语文阅读教学课堂改进实践研究

作　　者	冯　萍
责任编辑	裴　郁
出版发行	现代出版社
地　　址	北京市安定门外安华里504号
邮政编码	100011
电　　话	010-64267325　64245264
网　　址	www.1980xd.com
印　　制	北京政采印刷服务有限公司
开　　本	710mm×1000mm　1/16
印　　张	11.75
字　　数	186千字
版　　次	2023年7月第1版　2023年7月第1次印刷
书　　号	ISBN 978-7-5231-0373-9
定　　价	58.00元

目录

第四章 课外阅读：提升素养

第一章

小学语文阅读教学课堂改进实践研究概述

　　阅读教学既是语文教学的主要内容之一，也是培养学生阅读能力、实施人文教育的重要途径。因为阅读教学不仅具有获取信息、积累知识、培养能力、开发智力的价值，对陶冶学生情操和塑造品格也有着重要意义。因此，作为小学语文教师的我们，更应该重视提高学生的阅读能力。在教学中，我们不断探索与实践，力求改进小学语文阅读教学策略，使之更加优化。

小学语文阅读教学课堂改进实践研究的背景

　　我国关于课堂教学的研究开始于20世纪50年代。当前，课堂教学在中小学范围内的研究不断深入。从收集的文献来看，基础教育阶段的课堂教学方法研究有很多，如王琴、李飞舟在《小学语文阅读教学的问题分析与改进策略》中指出：当下，小学语文阅读教学主要存在教学目标的设计过于抽象化、教学方法的使用趋于形式化、教学评价的开展缺乏针对性三个较为普遍的问题。陈燕飞在《生本教育理念下小学语文阅读教学》中认为：在生本教育理念下强调以人为本，在教学的过程中充分尊重学生的主体地位，要不断地优化教学效果，提升学习效率。

　　国外的课堂教学研究开始于20世纪上半叶。研究内容主要是鉴定可能影响教学有效性的教师特征和教师的课堂教学行为。西方20世纪60年代以前的研究只是将教师的特征与教育结果机械地相联系，几乎忽视了课堂实际。英国朗曼公司1993年出版的《教学即沟通》一书中提出师生交往、沟通方式影响学习的有效性。目前国外的研究表明，有效教学，本质上取决于教师建立能实现预期教育教学成果的学习经验的能力，而每个学生都参与教学活动是实施有效教学的前提。

　　综上，学者们在各自的研究中从不同的视角、不同的方面对课堂教学改进对策问题进行了积极的、有益的和开拓性的研究与探索。这些研究成果为我们进一步改进课堂教学提供了充分的理论借鉴。但是，从已有的研究成果来看，目前的研究主要集中于理论层面的宏观研究，而实际的课堂实践，尤其是聚焦统编版小学语文阅读教学课堂改进方面的研究成果比较欠缺。

　　课堂是师生交流的主阵地。自进入新时代以来，国家层面高度重视提高课堂质量，课堂教学效率成为关注的焦点。2018年9月，时任教育部部长陈宝生在《人民日报》撰文，吹响了"课堂革命"的号角。他明确指出：坚持内涵发展，加快教育由量的增长向质的提升转变。把质量作为教育的生命线，坚持回归常识、回归本分、回归初心、回归梦想；深化基础教育人才培养模式改革，掀起"课堂革命"，努力培养学生的创新精神和实践能力。"课堂革命"，需要创新教学理念与教学方式，促进学生综合素养的全面发展。对小学语文教师来讲，课堂教学改革是一次新机遇，也是新挑战。

语文学科是一门非常重要的基础性学科，是学生学好其他学科的基础，因此小学语文在学生的整个学习过程中起着非常关键的作用。阅读教学是学生、教师、文本之间对话的过程。通过学生、教师、教科书编者、文本之间的对话，培养学生收集处理信息、认识世界、发展思维、获得审美体验的能力，提高学生感受、理解、欣赏的能力，培养学生具备终身学习的能力。小学语文阅读教学能在很大程度上促进学生语文核心素养的形成，教师应在自己的教学实践和反思中总结出切实有效的方法，根据不同学生的发展需求，丰富学生的语文核心素养内容。

阅读是人类获取知识、增长智慧的重要方式，是一个国家、一个民族精神发育、文明传承的重要途径。中华民族有着优良的读书传统，崇尚读书、诗书继世之风绵延数千年。党的十八大以来，国家领导更是高度重视阅读。2012年11月，党的十八大报告提出"开展全民阅读活动"，2014年以来，"倡导全民阅读"连续三年被写入国务院政府工作报告。《中华人民共和国国民经济和社会发展第十三个五年规划纲要》要求"推动全民阅读"，并将全民阅读工程列为"十三五"时期文化重大工程之一，将全民阅读提升到国家战略高度，并明确指出：大力倡导家庭阅读、亲子阅读，发挥父母和未成年人监护人言传身教的重要作用，推动全社会共同创造、维护少年儿童良好的阅读环境，要从小培养其阅读兴趣、阅读习惯、阅读能力，加强对少儿阅读规律的研究和运用，科学地研究不同年龄、不同群体、不同性别少年儿童的智力、心理、认知能力和特点，借鉴国外阅读能力测试、分级阅读等科学方法，探索建立中国阶梯阅读体系，加快提高我国少年儿童的整体阅读水平。

儿童阅读能力的培养关键在课堂，这对阅读课堂提出了更高的要求。本课题研究基于课堂，以统编版语文教材阅读教学为载体，探索实践小学语文阅读教学课堂改进的策略。提倡广大中小学生培养广泛的阅读兴趣，扩大阅读面，增加阅读量；要少做题，多读书，读好书，读整本的书。在听、说、读、写四种语文基本能力中，阅读能力无疑是其他三种能力的基础。没有较大的阅读量和较好的阅读效果，听、说、写能力的提高就会受到很大的限制。通过本课题研究，我们可以真正培养学生的阅读兴趣，努力实现学生阅读的有效、高效，真正体现了语文的实践性。语文是实践性很强的课程，应着重培养学生的语文实践能力，而培养这种能力的主要途径也应是语文实践。课堂改进取得突破性进展的关键是要"聚焦课堂""决战课堂"，改变教学方式和学习方式，提高课堂教学的实效性，培养学生学会学习，体现学生在教学过程中的主体地位。在语文教学过程中，阅读教育一直被重视，阅读能力的提高能培养学生的语言表达能力和沟通能力，增加学生知识量，帮助学生走进更广阔的世界。本课题在研究过程中，通过具体阅读教学活动的情境设计与活动的开展，让学生的阅读兴趣得到了有效培养，让学生在阅读实践中学会阅读，更多地直接接触语文材料，在大量的语文实践中掌握运用语文的规律，真正体现了语文的实践性，阅读教学的有效性得到明显提高。同时，本课题提倡教师从大量的讲、练中解放出来，通过实践研究，促进一线教师教学方式的变革。本课题能帮助教师逐步培养学生阅读兴趣，实现阅读教学的有效、高效，并进行多元的实践研究，因此过去画重点、讲重点的方法已不再适用。本课题要求教师把阅读还给学生，让学生在探究中建构知识，不断优化教学方式，发展学生素养。

区域内小学语文教学中教师教学现状及学生学习现状调查报告

一、调查背景

近年来，很多人强烈呼吁解决碎片化阅读、浅阅读、低效阅读和无效阅读等问题。如果以往常态的、随意的阅读方式和阅读行为没有得到更新，没有创新，就谈不上有效的阅读指导，这会让学生对阅读失去好奇心和新鲜感，让学生走向一条目标模糊、被老师和家长硬推着向前的阅读之路。如果丧失了阅读兴趣，积极的阅读行为和良好的阅读习惯的养成就很难达成。为了有针对性地进行课题研究，切实了解当前教师的阅读课堂教学现状及学生的阅读学习现状，研究团队群策群力，集思广益，拟定了问卷调查的内容，以期多方面地对教师和学生进行了解。

二、问卷的制作与调查对象

（一）问卷的设计介绍

"基于核心素养的课堂教学改进实践研究——以统编版小学语文教材阅读教学为例"课题研究调查问卷分为学生问卷和教师问卷，由课题组成员共同拟定。教师问卷共设置了26道题，分为教师教学基本情况的调查、教师对核心素养掌握的调查、教师课堂现状的调查、教师阅读课堂行为的调查四个维度。具体分析见表1-1。

表1-1 教师调查问卷维度分析

一级维度	二级维度	对应题号
教师教学基本情况的调查	性别、教学年级、教龄	第1~3题
教师对核心素养掌握的调查	自我认同情况、对语文核心素养的理解	第4~5题
教师课堂现状的调查	对一堂好课的认同情况、教学中的课堂行为	第6~9题
教师阅读课堂行为的调查	阅读教学的理解、阅读教学方式、阅读教学行为	第10~26题

学生问卷共设置了17道题，分为学生基本情况的调查、学生喜欢的课堂的调查、学生课堂学习状态的调查、教师在教学中的教学方法的调查四个维度。具体分析见表1-2。

表1-2 学生调查问卷维度分析

一级维度	二级维度	对应题号
学生基本情况的调查	性别、就读年级	第1~2题
学生喜欢的课堂的调查	教师对学生的关注情况、学生对待课堂的态度、学生喜欢的课堂、教师课堂提问情况	第3~7题
学生课堂学习状态的调查	学生对待教师提问的态度、学生解决问题的途径、学习方法的选择及运用	第8~12题
教师在教学中的教学方法的调查	教师的教学方法、学生的课堂表现	第13~17题

（二）调查对象

本次教师问卷调查采用在线、不记名的形式进行，主要针对课题组成员学校及周边县直、乡镇学校的部分小学语文教师，共收回有效问卷417份。学生问卷调查同样采用在线、不记名的形式进行，主要针对课题组成员学校及周边县直、乡镇学校的部分小学中高年级的学生，共收回有效问卷4968份。

三、问卷调查结果与分析

（一）教师教学层面分析

通过对教师及学生的调查与统计，我们发现教师课堂教学及学生课堂表现、阅读情况存在着一定的问题。

1. 教师对核心素养的掌握

在"您对语文学科核心素养的认识是"这一问题上，认为对语文核心素养有一定研究的教师占11.9%，比较熟悉的占16.67%，了解一些的占69.05%，不了解的占2.38%。调查结果显示，大部分教师对语文核心素养掌握得不够深入，甚至有个别教师不了解语文核心素养。在"您怎么看待'基于核心素养的课堂教学'"这一问题上，表示积极响应，信心十足的教师占54.76%；表示愿意参与，努力适应的占40.48%；表示不反对，但担心效果的教师占2.38%；表示反对，认为是形式主义的教师占2.38%。从调查结果可以看出，大部分教师积极响应、愿意参与基于核心素养的课堂教学。

2. 教师课堂教学现状

在"您认为什么样的语文课是一堂好的语文课？"这一问题上，认为学生掌握了学习方法，形成了好的习惯的占90.48%；认为学生喜欢语文课的占7.14%；认为学生开展了语文学习活动的占2.38%。调查结果显示，大部分教师认为学生掌握了学习方法、形成了好的习惯的语文课是一堂好的语文课。在"在平时课堂的教学中，您的观念是？"这一问题的作答中，认为学生为中心的占26.19%，认为师生合作的占73.81%。大部分教师的教学观念是师生合作。在"您在教学中是否会积极改变学生的学习方式？"这一问题的作答中，认为积极改变，效果很好的占38.1%；认为积极改变，效果一般的占54.76%；认为积极改变，没有效果的占7.14%。调查结果显示，大部分教师在教学中积极改变学生的学习方式，但效果一般。在"课堂教学中，您是否充分发挥了引导者、组织者、参与者的作用？"这一问题的作答中，认为很好的占52.38%，认为一般的占45.24%，认为不好的占2.38%。从中可以看出，在课堂教学中，教师能有意识地去发挥引导者、组织者、参与者的作用，但效果一般（见表1-3）。

表1-3　教师课堂教学现状调查

一堂好的语文课	学生掌握学习方法	学生喜欢语文课	开展语文学习活动
	90.48%	7.14%	2.38%
教师教学观念	学生为中心	师生合作	
	26.19%	73.81%	
教学中改变学生学习方式	积极改变，效果很好	积极改变，效果一般	积极改变，没有效果
	38.1%	54.76%	7.14%
发挥教师引导者、组织者、参与者的作用	效果很好	效果一般	效果不好
	52.38%	45.24%	2.38%

从调查结果可以看出，目前的语文课堂教学有待改进。

3. 教师阅读课堂教学现状

在"您认为小学语文阅读教学的目的是什么？"这一问题的作答中，认为"掌握课文思想内容和写作技巧"的占4.76%，认为"掌握阅读技能技巧"的占4.76%，认为"培养学生独立阅读能力"的占90.48%。从调查结果可以看出，大部分教师认为小学语文阅读教学的目的是培养学生独立阅读能力。在"阅读教学中，您通常采用的方法是什么？"这一问题的作答中，认为"按预先设计讲读"的占4.76%，认为"按预先设计引导学生阅读"的占69.05%，认为放开手脚"让学生自由阅读"的占26.19%。调查结果显示，在阅读教学中，教师通常采用的方法是按照预先设计引导学生阅读或放开手脚让学生自由阅读。在"您衡量学生对课文理解得深浅优劣的主要标准是什么？"这一问题的作答中，认为"是否掌握了老师讲解的内容"的占14.29%，认为"是否是学生的独特见解"的占85.71%。从调查结果可以看出，大部分教师认为衡量学生对课文理解的标准是是否是学生的独特见解，能否体现学生的主体性。在"您在阅读教学过程中会花较多时间教授的是？"这一问题的作答中，认为"字词学习"的占4.76%，认为"朗读课文"的占4.76%，认为"能力培养"的占4.76%，认为"分析课文"的占21.43%，认为"阅读方法"的占64.29%。从调查结果可以看出，教师在小学语文阅读课堂教学过程中花费较多时间的是教学生掌握阅读方法。在"您在阅读教学过程中使用最多的教学方法是?"这一问题的作答中,认为"讲授"的占23.81%,认为"小组学习"的占9.52%,认为"课堂活动"的占35.71%,认为"提问—回答"的占30.96%。从调查结果可以看出,大部分教师在小学语文阅读教学过程中采用的方法涉及讲授、小组学习、课堂活动、提问—回答。在"您是否会积极组织阅读活动来激发学生的阅读兴趣?"这一问题的作答中,认为"会"的占92.86%,认为"不会"的占7.14%。从调查结果可以看出,大部分教师积极组织阅读活动来激发学生的阅读兴趣。在"阅读教学中,您是否会培养学生一边读一边思考的能力?"这一问题的作答中,认为"会"的占73.81%,认为"有时会"的占26.19%。结果显示,在阅读教学中大部分教师都会培养学生一边读一边思考的能力。在"您是否会举办读书交流会、角色扮演等活动?"这一问题的作答中,认为"会"的占33.33%,认为"有时会"的占52.33%,认为"不会"的占14.34%。从调查结果可以看出,部分教师会举办读书交流会、角色扮演等活动激发学生的阅读兴趣。在"您要求学生在阅读时怎么做?"这一问题的作答中,认为"摘抄好词好句"的占16.67%,认为"写读后感"的占2.38%,认为"圈圈点点、做批注"的占80.95%。结果显示,在阅读教学中,大部分教师会引导学生采用圈圈点点、做批注的方式阅读。在"在讲读过程中,学生对某一问题表现得特别积极时,您通常的做法是什么?"这一问题的作答中,认为"推波助澜,宁可压缩或推延下面的环节"的占92.86%,认为"为追求课的完整性,限制这个环节的活动时间"的占7.14%。调查结果显示,在教学过程中,学生对某一问题表现得特别积极,大部分教师的做法是"推波助澜,宁可压缩或推延下面的环节",也有部分教师"为追求课的完整性,限制这个环节的活动时间"。在"您觉得目前小学语文阅读教学最大的问题是?(多选题)"这一问题的作答中,认为"教师重视技能训练、忽视培养语感"的占71.43%,认为"课标关于阅读教学新理念表述宽泛,教师不能理解并加以运用"的占50%,认为"教师阅读技能缺乏"的占59.52%,认为"语文阅读千篇一律,不能促进学生个性发展,不能激发学生的阅读兴趣"的占28.57%。调查结果显示,目前小学语文阅读教学存在教师重视技能训练、忽视培养语感、不能理解课标关于阅读教学的理念并加以运用、阅读技能缺乏等问题(见表1-4)。

表1-4 教师阅读课堂教学现状

小学语文阅读教学的目的	掌握课文思想内容和写作技巧	掌握阅读的技能技巧	培养学生独立阅读能力	—	—
	4.76%	4.76%	90.48%	—	—
教师采用的教学方法	按预先设计讲读	按预先设计引导学生阅读	让学生自由阅读	—	—
	4.76%	69.05%	26.19%	—	—
衡量学生对课文理解的标准	是否掌握了老师讲解的内容	是否是学生的独特见解	—	—	—
	14.29%	85.71%	—	—	—
阅读教学中，教师花较多时间教授的内容	字词学习	朗读课文	能力培养	分析课文	阅读方法
	4.76%	4.76%	4.76%	21.43%	64.27%
教师在阅读教学中使用最多的教学方法	讲授	小组学习	课堂活动	提问—回答	—
	23.81%	9.52%	35.71%	30.96%	—
教师是否积极组织阅读活动激发学生的阅读兴趣	会	不会	—	—	—
	92.86%	7.14%	—	—	—
是否培养学生一边读一边思考的能力	会	有时会	—	—	—
	73.81%	26.19%	—	—	—
举办读书交流会、角色扮演等活动	会	有时会	不会	—	—
	33.33%	52.33%	14.34%	—	—
要求学生在阅读时的做法	摘抄好词好句	写读后感	圈圈点点、做批注	—	—
	16.67%	2.38%	80.95%	—	—
学生对某一问题表现得特别积极时，教师的做法	推波助澜，宁可压缩或推延下面的环节	为追求课的完整性，限制这个环节的活动时间		—	—
	92.86%	7.14%		—	—

阅读教学存在的问题	教师重视技能训练，忽视培养语感	课标关于阅读教学新理念表述宽泛，教师不能理解并加以运用	教师阅读技能缺乏	语文阅读千篇一律，不能促进学生个性发展，不能激发学生的阅读兴趣	—
	71.43%	50%	59.52%	28.57%	—

从整体可以看出，部分教师对学科核心素养怎样在教学中落地并没有明确的目标及解决的策略，但愿意积极响应，且信心十足。在阅读课堂教学中大部分教师认为引导学生形成良好的阅读习惯尤为重要，认为课堂教学师生合作效果会更好。但在课堂行为改变上部分教师认为，积极改变但效果一般或没有效果，在课堂教学中教师注重角色改变。在阅读教学中，大部分教师采用让学生课前预习的方法引导学生自主学习课文中的生字词，课堂上通过课堂提问、课堂活动、读书交流会、角色扮演等形式激发学生学习的欲望。教师注重课堂教学方式的改进，注重培养学生的学习能力，在课堂教学中注重学生自主学习能力的培养，但课堂改进的方法有待探索，改进的效果有待实践。

（二）学生层面分析

1. 学生喜欢的课堂

在"你对老师课堂教学的态度是？"这一问题的作答中，认为"非常喜欢上课，课前积极准备，课上积极参与"的占80.79%，认为"还可以吧，兴趣不大，不会积极做好准备，但上课较认真"的占18.93%，认为"不喜欢上课，上课不会认真，对老师也有意见"的占0.28%。从调查结果可以看出，大部分学生非常喜欢上课，课前积极准备，课上积极参与。在"你最喜欢的课堂教学方式是？"这一问题的作答中，认为"以老师的教授为主，学生认真听讲"的占24.01%，认为"师生互动，以老师的启发为主"的占38.42%，认为"在老师的指导下，学生以自主、合作学习为主"的占37.57%。从调查结果可以看出，部分学生喜欢以老师的讲授为主，大部分学生喜欢师生双边互动。在"如果老师提问到你，你不会时老师经常会怎样做？"这一问题的作答中，认为"不生气，耐心解答"的占53.11%，认为"进行提示或让其他同学回答"的占46.89%。从调查结果可以看出，在课堂教学中，提问时学生若不会，教师通常的做法是耐心解答、进行提示或让其他同学回答（见表1-5）。

表1-5　学生喜欢的课堂调查

学生对课堂老师教学的态度	非常喜欢上课，课前积极准备，课上积极参与	还可以吧，兴趣不大，不会积极做好准备，但上课较认真	不喜欢上课，上课不会认真，对老师也有意见
	80.79%	18.93%	0.28%
学生喜欢的课堂教学方式	以老师的教授为主，学生认真听讲	师生互动，以老师的启发为主	在老师的指导下，学生以自主、合作学习为主
	24.01%	38.42%	37.57%
提问时学生不会，老师的做法	不生气，耐心解答	进行提示或让其他同学回答	—
	53.11%	46.89%	—

从表1-5统计可以看出，大部分学生非常喜欢上课，并能做到积极参与。在教师的教学中有学生喜欢"以老师的教授为主，学生认真听讲"的教学方式，也有学生喜欢"师生互动，以老师的启发为主"的教学方式，还有学生喜欢"在老师的指导下，学生以自主、合作学习为主"的教学方式。在教学中，教师能做到尊重学生，发挥学生主体性作用，当学生不能回答提问时，更多采取耐心解答，进行提示引导学生思考的方式，但也存在学生不主动参与课堂教学、不喜欢认真听老师讲解的问题。

2. 学生课堂学习状态

在"阅读课上，对老师的课堂提问，你一般是？"这一问题的作答中，认为"积极思考，主动回答问题"的占70.62%，认为"积极思考，但不主动回答问题"的占25.71%，认为"被老师指名再思考回答"的占3.11%。从调查结果可以看出，大部分学生对老师的提问能积极思考并主动回答。在"老师对同学们的回答如何评价？"这一问题的作答中，认为"答对不鼓励，答错批评"的占1.13%，认为"答对能给予肯定和鼓励，答错批评"的占3.95%，认为"答对能给予肯定和鼓励，答错也能耐心解释"的占94.63%。从调查结果可以看出，部分教师对学生的评价有待改进。在"你对学习过程中的疑问一般通过哪种方式解决？"这一问题的作答中，认为"向任课教师请教"的占40.4%，认为"与同学商量、讨论"的占29.97%，认为"查阅书籍、上网搜索等"的占22.32%，认为"其他"的占7.31%。从调查结果可以看出，大部分学生遇到不懂的问题能采用一定的方式解决，但极小部分学生对问题持放置不管的态度。在"通过课堂教学，你是否掌握了相应的学习方法？"这一问题的作答中，认为"掌握了科学的学习策略和方法，并且能够熟练应用"的占42.94%，认为"学到了一些学习策略和方法，但应用得不多"的占17.8%，认为"课堂很少学到学习方法，仍沿用自己的方法"的占20.26%，认为"能在熟练应用所学方法的基础上，自主探索出新的学习策略与方法"的占19%。从调查结果可以看出，有部分学生通过课堂教学没有学到好的学习方法，仍沿用自己的方法进行学习。在"课堂教学中，教师是否能针对你的情况给予个别的指导与帮助？"这一问题的作答中，认为"是"的占82.49%，认为"否"的占17.51%。从调查结果可以看出，在课堂教学这一问题的作答中，大部分教师能针对学生的情况给予个别的指导与帮助，但有部分教师没能做到（见表1-6）。

表1-6 学生课堂学习状态调查

在老师提问后，学生的做法	积极思考，主动回答问题	积极思考，但不主动回答问题	被老师指名再思考回答	—
	70.62%	25.71%	3.11%	—
教师对学生的回答的评价	答对不鼓励，答错批评	答对能给予肯定和鼓励，答错批评	答对能给予肯定和鼓励，答错也能耐心解释	
	1.13%	3.95%	94.63%	
学生解决疑问的方式	向任课教师请教	与同学商量、讨论	查阅书籍、上网搜索等	其他
	40.4%	29.97%	22.32%	7.31%
在课堂教学中，学生能否掌握学习方法	掌握了科学的学习策略和方法，并且能够熟练应用	学到了一些学习策略和方法，但应用得不多	课堂很少学到学习方法，仍沿用自己的方法	能在熟练应用所学方法的基础上自主探索出新的学习策略与方法
	42.94%	17.8%	20.26%	19%
在课堂教学中，教师是否能针对学生的情况给予个别的指导与帮助	是	否	—	—
	82.49%	17.51%	—	—

从表1-6中可以看出，学生的课堂学习状态是大部分学生能积极思考，主动回答问题，能在课堂上自主学习，将自己当作学习的小主人。部分学生由于胆小或其他原因能积极思考问题，但不能主动回答问题，甚至有学生只有被老师指名后才回答问题，课堂主动性不高。在学习中遇到疑难问题大部分学生能通过请教老师、查资料等方式解决，但也有学生放置不管。课堂教学中接近一半的学生掌握了科学的学习策略和方法，并且能熟练应用？部分学生学到了一些学习策略和方法，但应用得不多，部分学生没有学到方法，仍沿用自己的方法进行学习。教师在对学生的评价方面，大部分教师在学生答对时能给予肯定和鼓励，答错也能耐心解释，但有部分教师不重视对学生进行激励性的评价。大部分教师在课堂教学中针对学生的学习情况给予个别的指导与帮助，但有部分教师对学生的指导帮助还有待改进。

3. 教师在阅读教学中的教学方法

在"阅读教学中，教师通常采用的方法是什么？"这一问题的作答中，认为"采用现代教学理念，虚心征求学生意见，不断改进教学方法"的占84.45%，认为"比较注重教学方法，但很少征求学生意见"的占11.3%，认为"使用传统教学方法，不征求学生意见"的占4.24%。在"请你评价教师的教学方法"这一问题的作答中，认为"因材施教，方法灵活，课堂活动丰富多样"的占85.31%，认为"教学比较灵活"的占11.3%，认为"教学方法单一，照本宣科"的占3.39%。在"阅读教学中，教师对你的要求是什么？"这一问题的作答中，认为"掌握课文的思想内容和写作技巧"的占72.6%，认为"掌握阅读的技能技巧"的占12.99%，认为"提出自己的独特感受"的占14.41%。在"讲解阅读文本时教师通常采用的方法是什么？"这一问题的作答中，认为"老师讲解"的占18.64%，认为"老师引导学生讨论问题"的占70.9%，认为"让学生自由阅读、自由讨论"的占10.45%（表1-7）。

表1-7　教师在阅读教学中的教学方法

阅读教学中，教师选择的教学方法	采用现代教学理念，虚心征求学生意见，不断改进教学方法	比较注重教学方法，但很少征求学生意见	使用传统教学方法，不征求学生意见
	84.45%	11.3%	4.24%

续　表

请你评价中教师的教学方法	因材施教，方法灵活，课堂活动丰富多样	教学比较灵活	教学方法单一，照本宣科
	85.31%	11.3%	3.39%
阅读教学中，教师对学生的要求	掌握课文的思想内容和写作技巧	掌握阅读的技能技巧	提出自己的独特感受
	72.6%	12.99%	14.41%
讲解阅读文本时教师通常采用的方法	老师讲解	老师引导学生讨论问题	让学生自由阅读、自由讨论
	18.64%	70.9%	10.45%

从表1-7中可知，在阅读教学中大部分教师尝试采用现代教学理念，虚心征求学生意见，不断改进教学方法，并能做到因材施教，方法灵活，课堂活动丰富多样。在阅读教学中大部分教师要求学生掌握课文的思想内容和写作技巧，在学习中部分学生掌握了科学的学习策略和方法，并能熟练运用。在教学中也存在部分教师还使用传统教学方法，不征求学生意见，教学方法单一，甚至是照本宣科的问题，以及教学中很少引导学生提出自己独特的感受。因此，学生在阅读课堂上没有学到相应的学习方法，仍沿用自己的学习方法，学习效率不高。

通过调查不难看出，教师对核心素养的掌握、阅读课堂教学现状、教师教学方法，以及学生学习状态、学习方法等方面存在的问题亟待解决。透过学生问卷调查的数据，我们可以发现，在课堂教学中，教师关注学生的参与度，注重对学生兴趣的激发，大部分学生非常喜欢上语文课，课前积极准备，课上积极参与，对老师提出的问题积极思考，勇于举手回答，并且对自己不懂的问题可以通过问老师、与同学共同讨论、上网查资料等多种途径解决，大部分教师在课堂教学中关注学生回答问题的状态，并积极引导学生思考、回答；评价客观，大多采用鼓励的方式评价学生。但也不难看出，有部分学生学习积极性不高，学习不主动，在教学过程中教师为追求课的完整性，限制这个环节的活动时间，限制学生思维的发展，组织课堂的教学形式单一，课堂教学行为及教学方法有待改进。具体情况见本文附件二（学生）调查问卷。

（三）综合分析

从调查问卷反馈情况来看，我们县区的小学现阶段在语文阅读课堂教学中既有不少成功的做法，明显的改善，也仍存在着诸多问题，具体情况如下。

1. 明显的改善

（1）语文在学生心目中的地位逐步提高。

随着新课改的推进及县域内小学语文教学的不断探索与改进，学生对语文的重视程度逐步提升。从此次调查问卷的结果来看，80%的同学喜欢或比较喜欢语文这门学科。

（2）教师教学观念有所转变。

从整体上看，虽然有部分语文教师依旧存在着"穿新鞋，走老路""满堂讲、满堂问"的倾向，但是绝大多数教师能以课标为准绳，注重学生的智力因素与非智力因素的开发，本着从语文"人文性、工具性"等功能着手进行教学设计。具体表现在：教学中注重引导"自主、合作、探究式"的学习方式，课堂上及时关注学生的参与度，有凸显学生主体地位的意识，并能正确把握"人文性、工具性"这一语文学科的特点，重视学生的阅读体会、阅读理解。

（3）注重语文的课堂教学评价与课堂反馈。

问卷调查结果显示，近80%的同学认为教师能从多角度评价学生，关注学生回答问题的状态并及时引导。

2. 存在的问题

（1）教学理念相对滞后，不能很好地适应课改要求。

传统的教学模式仍然存在；"自主、合作、探究式学习"流于形式；教师独霸课堂话语权，学生的阅读、思考、交流、讨论、书写等权利被剥夺；学生主体地位没有得到充分体现；教师角色、学习方式、教学方式的转变和教师课堂讲授限时政策没有从根本上落实到位；教师在课堂教学中仍以"填鸭式"和"满堂灌"为主要教学方式。

（2）课堂教学改革推进有难度。

教师对新课程理念不理解，对课堂教学改革的必要性和紧迫性认识不到位，担心课堂教学改革会影响学科教学成绩，存在观望的思想。学校存在急功近利的教育短视行为，不重视过程管理，缺少课堂教学改革的过程监督机制和制度保障，问题意识和研究意识不强，研究氛围不浓。

（3）对教学内容和教学资源缺乏整合利用。

教师在处理教材和文本时，对文本不加取舍地全都列入教学内容；对教材内容没有分析、选择、重组和优化，更谈不上对教学内容进行结构化、问题化和操作化组织；对文章插图、研讨与练习、音像资料、助读材料等教学资源缺乏利用意识。

（4）教学策划与设计的水平不高，教学目标达成度较低。

教学情境的创设与教学内容的安排不匹配。教师在进行教学策划和设计时，不能根据教学内容的特点（如文体要素、情理要素、语言要素、风格要素等）创设出与之相适应的教学情境，教师与学生之间常常是"隔心、隔情、隔智"。

（5）课堂点评与指导不到位。

课堂点评不能发挥出激励与引导作用。部分教师错误地理解了新课标关于学生评价的理念，对学生的回答无论正确与否，不管是否合理，一律使用"好""你真棒""你真聪明"等语言予以评价，对学生的错误理解不及时矫正。尤为关键的是，教师不能通过恰当的课堂点评、适宜的评价语言将学生的思维引向纵深，推动教学过程的有序展开。

3. 合理归因

（1）教师教学观念有所转变，但还存在"满堂灌"现象。

传统教育教学模式以教师为中心，对学生在教学中的主体地位不够重视，实行"教师包场"的教学模式，以应试为指挥棒，注重学生的基础知识和应试能力，但忽视了学生的能力和个性的培养，忽视了学生的主观能动性，使学生自身潜能得不到发挥，个性特长得不到发展。"满堂灌"形成的原因有三个方面：首先是受应试教育的影响，课堂上教师独自表演，学生成为看客；教师成为知识的播放机，学生成为知识的接收器，机械地接受知识。其次是教师担心学生不懂，于是对相关的知识不厌其烦地讲解，不愿意放手让学生去做，教师全包。最后是教师怕学生不会表达，于是让学生大量地抄写课堂笔记，不让学生自己探索、归纳和整理问题。

我们要打破传统教育观念的束缚，积极探索符合当前学情的教学之路。在研究课内阅读教学策略时，我们按以下流程进行：①充分利用网络平台进行学习。通过网络学习，准确把握统编版语文教科书编写特点，明晰各板块要求，提升教材解析能力，促进教师对教材的有效运用。②集中研讨学习，梳理教材。为了立足课堂，用好教材，我们在之前对统编版教材梳理学习的基础上，结合统编版小学语文教科书整理专题线上培训的内容，分别对识字与写字、阅读教学、口语交际、综合性学习、习作和语文园地六大板块整体教学做了交流分享。③梳理语文要素。为了掌握小学教材的语文要素及了解其前后的联系，我们一起通读1～12册整套教材，梳理语文要素，分析教材中语文要素之间的前后联系。只有这样才能有准确的目标定位，使阅读教学"教到位""不越位"。在阅读教学中，教师有针对性地选择恰当的方法引导学生学习，逐步提高学生的阅读兴趣，提升学生的阅读能力。

（2）语文在学生心目中的地位逐步提高，但提升空间还很大。

随着新课改的推进及我校语文教学的不断探索与改进，学生对语文的重视程度逐步提升。从此次调查问卷的结果来看，在教师课堂教学行为和教学方法改进的基础上，80%的学生比较喜欢语文。但在阅读方面，许多学生的阅读能力还处于基础阶段，阅读教学改革还有很大的提升空间。统编版教材特设"阅读策略单元"，此类单元旨在引导学生学习并掌握基本的阅读策略，形成运用阅读策略的意识，成为积极的阅读者。三年级上册的预测、四年级上册的提问、五年级上册的阅读要有一定的速度等要求。阅读策略的培养是一个逐渐推进的过程。例如，五年级的阅读要有一定的速度阅读策略，单元的教学引导学生用较快的速度默读课文，连词成句地读，不回读，带着问题读，是逐层深入地引导学生掌握的。教师在教学中除了要引导学生掌握相应的阅读方法外，还要在反复的阅读实践中提高学生的阅读速度，培养学生阅读能力，提升学生语文核心素养。

（3）教学方式和学习方式有改进，但还需不断探索实践。

课堂教学是学生学习知识的主要渠道，也是课题研究实践的主战场，如何高效率地利用好课堂的40分钟，对每位教师来说都是一种挑战。传统的课堂教学方式是教师占据了主导地位，而这种教学模式已经不能适应当今社会对人才的需要，这就需要我们改变教学模式，即转向以"学生为导向"的教学方法。在课堂实践中，我们采用群文阅读的教学模式，以一篇带多篇，让学生在议题的引导下，在阅读群文的基础上提高阅读速度、提高阅读能力，培养学生解决问题的能力，促进学生思维品质的提升，促进学生高阶思维能力的发展；以任务单引领学习，让学生在任务驱动下自主阅读、自主探索，在小组合作中合作学习，形成"小组合作学习与探究"的学习模式，为学生设立不同的目标，培养学生的合作学习能力，"同伴学习"的效果很多时候大于教师传统的"满堂灌"，教学获得良好的效果。学生在教师设置的活动中积极探索、思考，培养了良好的阅读习惯。

（4）注重语文的课堂教学评价与课堂反馈，但评价方式和反馈形式还需改进。

课堂教学评价是教学的重要组成部分，是促进学生学习的有效手段。科学的评价方法是实现正确的评价目的、落实全面评价内容、执行灵活评价标准的保证。关于评价方法，课标进行了详细说明。教学评价是一门艺术，教师多样、灵活、生动、丰富的评价方式，能使学生如坐春风，让课堂充满勃勃生机。在课堂教学中，教师应多角度评价学生，关注学生回答问题的状态并及时引导，评价语言应丰富多样，以鼓励评价为主，激发学生学习欲望。通过问卷调查与课堂实践了解到，教师的课堂评价存在的主要问题是评价形式单一，评价语言不够恰当。很多教师对学生的评价就是"棒""很棒""好""很好"等片面笼统的评价。这可能是由以下两个原因导致的：一是对文本的解读不透彻，没有对文本进行深入的挖掘，设置的问题过于简单，甚至学生不用深入思考就能回答，缺乏思维训练过程。二是在课堂教学中，教师缺乏对问题的预见性，害怕课堂上学生节外生枝，不敢追问学生，只能用简单的"好""很好"的笼统评价回应，教学中根本谈不上课堂生成，更谈不上引导学生深入思考，培养学生高阶思维能力又从何谈起呢？我们应注重对学情进行认真分析，精心设计教学方案，尤其关注基于深度学习的问题设计，引导学生积极体验、深入思考，努力培养学生的高阶思维能力。

四、提高语文课堂教学效率，促进课堂改进的对策和建议

通过问卷调查，我们更进一步地了解了我们县区内小学语文阅读教学的现状：从教师方面来看，教师在语文阅读教学中对学生阅读方法的指导，尤其

是课外阅读课方法的指导没有系统的构想。多数教师很关注营造良好的课堂氛围，有努力提高课堂教学质量的愿望，但是学生语文素养的提高效果并不明显。从学生方面来看，大部分学生喜欢在语文阅读教学中积极阅读、思考，但学习的方法有待改进。这个结果促使我们对如何继续优化课堂，改进课堂教学进行进一步思考，研究团队拟定了以下研究思路。

（一）明确教学目标，做到有的放矢

语文课堂教学要有明确的目标。这要求教师应透彻理解该学段的课程标准的相关要求，用好教材，了解学情，做好教学设计，做到脑中有纲、腹中有书、目中有人、胸中有案。教师围绕教学目标进行拓展延伸，培养学生阅读兴趣，增加阅读量，从而提高阅读能力。

（二）更新教育观念，改进教学方法

语文课堂教学必须向提高学生素质转变，必须体现教为客、学为主的原则。教师要以教法渗透学法为指导思想，以改进学习方法为突破口，以打好基础、培养能力、减轻负担、提高素质为最终目标，充分发挥学生的主体作用，以学促教，以教导学；根据文本的育人功能取向选择适合的教学方法，在开展丰富的语文学习活动中丰富学生的学习生活，将语文学习生活化。

（三）营造良好课堂气氛，培养合作探究精神

课堂教学是师生进行"教"与"学"活动的主渠道，任课教师是营造良好课堂氛围的主体，课堂氛围主要是通过教师精湛的教学艺术来烘托，使师生达到寓教于乐的境界。合作探究教学是多向交流和综合交流的有机结合。合作探究不仅能使学生取长补短，而且能培养学生团结、互助、合作等优良品质。

（四）让学生充分体验成功，感受学习乐趣

每一个人都有成功的欲望。对学生而言，当学习上取得成绩，得到老师的肯定、赞许时，他们兴高采烈，反之，他们兴致索然。成功，像一支兴奋剂，让学生保持强烈的求知欲望，激励他们积极进取。教师不要吝啬对学生的表扬与激励，要多方面为学生创造条件，提供尽可能多的机会，让每一个学生都体会到成功的快乐。

总之，通过此次问卷调查，我们进一步明确了现阶段的小学语文阅读教学现状，了解了影响语文课堂教学效率提高的诸多因素，并且针对存在的问题，提出了提高语文课堂教学效率的诸多方法。在新课改背景下，教师只有不断学习新知识，接受新事物，涉足新领域，提高新能力，具有较高的自身修养和文学修养，才能适应现代教育的需求，才能把课上得有魅力；只有促进课堂教学改进，才能不断提高课堂效率，才能真正适应新的教学形势。

附件一：前测调查问卷（教师卷）

2019年贵州省教育科学规划立项课题："基于核心素养的课堂教学改进实践研究——以统编版小学语文教材阅读教学为例"（课题编号：2019B042）

前测调查问卷（教师卷）

尊敬的老师：

您好！感谢您在百忙之中参加本次问卷调查。这是一份课堂教学教师调查问卷，本问卷纯属调研性质，希望您能根据自己的经历，如实填写本问卷，您的意见将为我们的课堂教学改革提供建设性的信息。本问卷采取匿名方式，调查结果仅用于课堂教学研究，感谢您的参与！

基本信息：

A1. 您的性别（   ）。

① 男   ② 女

A2. 您现在任教的年级（   ）。

① 一年级   ② 二年级

③ 三年级   ④ 四年级

⑤ 五年级   ⑥ 六年级

A3. 您的教龄（   ）。

① 不足3年   ② 3～10年

③ 10～20年   ④ 20年以上

主体问卷：

B1. 您对语文学科核心素养的认识是（   ）。

① 有一定的研究   ② 比较熟悉

③ 了解一些   ④ 不了解

B2. 您怎么看待"基于核心素养的课堂教学"？（　　　）

　　① 积极响应，信心十足　　　　　　② 愿意参与，努力适应

　　③ 不反对，但担心效果　　　　　　④ 反对，认为是形式主义

C1. 您认为什么样的语文课是一堂好的语文课？（　　　）

　　① 学生学会了内容

　　② 学生掌握了学习方法，形成了好的习惯

　　③ 学生喜欢语文课

　　④ 学生开展了语文学习活动

C2. 在平时课堂的教学中，您的观念是？（　　　）

　　① 教师中心　　　　　　　　　　　② 学生中心

　　③ 师生合作

C3. 在课堂教学中，您是否充分发挥了引导者、组织者、参与者的作用？（　　　）

　　① 是　　　　　　　　　　　　　　② 否

C4. 上新课前，您会让学生提前预习吗？（　　　）

　　① 会，学生会根据老师的预习提示完成预习，并提出问题

　　② 一般只是提前看看、读读，抄抄生字词

　　③ 很少预习，老师讲到哪儿学生就学到哪儿

C5. 在讲读过程中，学生对某一问题表现得特别积极时，您通常的做法是什么？（　　　）

　　① 推波助澜，宁可压缩或推延下面的环节

　　② 按照教学计划，按部就班地进行教学

　　③ 为追求课的完整性，限制这个环节的活动时间

C6. 您在教学中遇到过让学生主动参与合作交流而影响教学进度的尴尬吗？您是怎么处理的？（　　　）

　　① 经常遇到，以学生为重

　　② 经常遇到，以进度为重

　　③ 偶尔遇到，以学生为重

　　④ 偶尔遇到，以进度为重

　　⑤ 没有遇到过

C7. 您对课上经常发言、参与讨论的学生人数做过统计吗？（　　）

　　① 经常　　　　　　　　　　② 有时

　　③ 从不

C8. 课堂上您是如何使用导学案的？（　　）

　　① 按照学习模板设计　　　　② 以自己讲授为主

　　③ 鼓励学生自学为主

D1. 您认为小学语文阅读教学的目的是什么？（　　）

　　① 让学生掌握课文的思想内容和写作技巧

　　② 让学生掌握阅读的技能技巧

　　③ 培养学生独立阅读及富有创意地建构文本意义的能力

D2. 在阅读教学中，您通常采用的方法是什么？（　　）

　　① 按照预先设计讲读

　　② 按照预先设计引导学生阅读

　　③ 放开手脚让学生自由阅读

D3. 您在阅读教学过程中会花较多时间教授的是？（　　）

　　① 字词学习　　　　　　　　② 朗读课文

　　③ 能力培养　　　　　　　　④ 分析课文

　　⑤ 阅读方法

D4. 在阅读教学中，您是否会培养学生一边读一边思考的能力？（　　）

　　① 会　　　　　　　　　　　② 有时会

　　③ 不会

D5. 您在阅读教学过程中使用最多的教学方法是？（　　）

　　① 讲授　　　　　　　　　　② 小组学习

　　③ 课堂活动　　　　　　　　④ 提问—回答

D6. 您是否会积极组织阅读活动来激发学生的阅读兴趣？（　　）

　　① 会　　　　　　　　　　　② 不会

D7. 您会要求学生做课外阅读计划吗？（　　）

　　① 会　　　　　　　　　　　② 有时会

　　③ 不会

D8. 您要求学生在阅读时怎么做？（　　　）

① 摘抄好词好句　　　　　　② 写读后感

③ 圈圈点点、做批注　　　　④ 只读不动笔

D9. 您是否会举办读书交流会、角色扮演等活动？（　　　）

① 会　　　　　　　　　　　② 有时会

③ 不会

D10. 您衡量学生对课文理解得深浅优劣的主要标准是什么？（　　　）

① 是否符合参考书的答案　　② 是否掌握了老师讲解的内容

③ 是否是学生的独特见解

D11. 在阅读教学中，您认为小组评价对学生有促进作用吗？（　　　）

①有，小组评价使学生凝聚力增强，学习、合作、交流等竞争意识
　　提高

②一般，因为小组评价的结果运用不明显，学生的积极性不高

③没有，小组评价使各小组之间互相找碴儿，影响学生学习和班
　　级团结

D12. 您觉得目前小学语文阅读教学最大的问题是？（多选题）（　　　）

① 教师重视技能训练，忽视培养语感

② 课标关于阅读教学新理念表述宽泛，教师不能理解并加以运用

③ 教师阅读技能缺乏

④ 语文阅读千篇一律，不能促进学生个性发展，不能激发学生的阅
　　读兴趣

E. 您在教学中是否会积极改变学生的学习方式？（　　　）

① 积极改变，效果很好　　　② 积极改变，效果一般

③ 积极改变，没有效果　　　④ 不用改变

附件二：前测调查问卷（学生卷）

2019年贵州省教育科学规划立项课题："基于核心素养的课堂教学改进实践研究——以统编小学语文教材阅读教学为例"（课题编号：2019B042）

前测调查问卷（学生卷）

亲爱的同学：

你好！为了了解同学们对教师课堂改进的看法，进一步提高课堂教学质量，我们开展了这次问卷调查。本问卷采取匿名方式，请根据你自己的真实感受作答。你的想法非常重要，谢谢你的支持与配合，祝你学习愉快！

基本信息：

A1. 你的性别（　　）。

① 男　　　　　　　　　　　② 女

A2. 你现在就读的年级（　　）。

① 一年级　　　　　　　　　② 二年级

③ 三年级　　　　　　　　　④ 四年级

⑤ 五年级　　　　　　　　　⑥ 六年级

主体问卷：

B1. 课堂上老师对你的关注情况怎么样？（　　）

① 老师从来不关注我　　　　② 老师有时会关注我

③ 老师经常关注我

B2. 课堂上老师是怎样引导你学习的？（　　）

① 以问题的形式引导学习　　② 以任务单的形式引导学习

③ 老师讲解　　　　　　　　④ 小组合作学习

B3. 在课堂教学中，老师能否密切关注你们的注意力及情绪变化，并以此来机动地调整教学流程和教学方法？（　　）

① 经常会　　　　　　　　　② 偶尔会

③ 从不会

B4. 通过课堂教学，你是否掌握了相应的学习方法？（　　）

① 掌握了科学的学习策略和方法，并且能熟练应用

② 学到了一些学习策略和方法，但应用得不多

③ 课堂很少学到学习方法，仍沿用自己的方法

④ 能在熟练应用所学方法的基础上，自主探索出新的学习策略与方法

B5. 你对老师课堂教学的态度是？（　　　）

　①非常喜欢上课，课前积极准备，课上积极参与

　②还可以吧，兴趣不大，不会积极做好准备，但上课较认真

　③不喜欢上课，上课不会认真，对老师也有意见

B6. 你最喜欢的课堂教学方式是？（　　　）

　①以老师的教授为主，学生认真听讲

　②师生互动，以老师的启发为主

　③在老师的指导下，学生以自主、合作学习为主

B7. 在课堂教学中，教师是否能针对你的情况给予个别的指导与帮助？（　　　）

　①是　　　　　　　　　　　②否

B8. 对你而言，老师上课提的问题难度如何？（　　　）

　①几乎都不会　　　　　　　②少部分会，大部分不会

　③大部分会，少部分不会　　④不难，都会

B9. 如果老师提问到你，你不会时老师经常会怎样做？（　　　）

　①生气、骂人或讽刺挖苦　　②生气，直接告诉答案

　③不生气，耐心解答　　　　④进行提示或让其他同学回答

B10. 在阅读课上，对老师的课堂提问，你一般是？（　　　）

　①积极思考，主动回答问题

　②积极思考，但不主动回答问题

　③不积极思考，只希望听别人回答

　④被老师指名再思考回答

B11. 在阅读教学中，教师通常采用的方法是什么？（　　　）

　①采用现代教学理念，虚心征求学生意见，不断改进教学方法

　②比较注重教学方法，但很少征求学生意见

　③使用传统教学方法，不征求学生意见

B12. 在阅读教学中，教师对你的要求是什么？（　　　）

　①掌握课文的思想内容和写作技巧

　②掌握阅读的技能技巧

　③提出自己的独特感受

B13. 在讲读过程中，你们对某一问题表现得特别积极时，教师通常的做法是什么？（　　　）

　　① 推波助澜，宁可压缩或推延下面的环节

　　② 按照教学计划，按部就班地进行教学

　　③ 为追求课的完整性，限制这个环节的活动时间

C1. 你对学习过程中的疑问一般通过哪种方式解决？（　　　）

　　① 向任课教师请教　　　　　② 与同学商量、讨论

　　③ 查阅书籍、上网搜索等　　④ 其他

C2. 老师对同学们的回答如何评价？（　　　）

　　① 只说对错

　　② 答对不鼓励，答错批评

　　③ 答对能给予肯定和鼓励，答错批评

　　④ 答对能给予肯定和鼓励，答错也能耐心解释

小学语文阅读课堂教学改进实践研究的综述

从现代认知心理学的广义知识观来看，语文阅读能力是由三方面构成的：一是理解课文内容的技能；二是通过对字、词、句的解码，从中获得意义的技能；三是理解作者的思路、构思与表达技巧方面的技能。阅读过程是这三个技能相互作用的过程，三者合一将获得语文高级技能，这种技能属于认知策略和元认知能力的范畴，受儿童认知发展阶段制约。进行阅读课堂教学改进实践研究旨在有效地实现预期的阅读教学效果，更好地促进学生阅读能力的提高。

一、小学语文阅读课堂教学改进实践研究的理论支持

人类社会自从有了文字就有了阅读活动，阅读是人类获取信息的重要途径之一。文本阅读研究一直是心理学、语言学、心理语言学等领域关注的课题。自20世纪80年代以来，文本阅读研究集中探讨阅读过程中的信息加工过程。随着认知心理学的研究成果的不断丰富，语言学研究的日益深入以及研究方法的全面推进，文本阅读理解信息加工过程的研究得到不断的发展和进步。

下面对各理论进行简单介绍。

（一）掌握学习理论

布鲁姆提出了一种与传统教育完全不同的观点——掌握学习。他认为：只要给予足够的学习时间和采用适当的教学方法，几乎所有的学生对所有的学习内容都可以达到掌握的程度。

（二）学习结果分类理论

加涅将学习结果在认知领域的目标分为智慧技能、言语信息和认知策略。其中，智慧技能的实质是学习者通过学习获得应用符号办事的能力。言语信息

包括名称、符号、事实和原则，为了使言语信息的学习得以发生，言语信息的内容必须是有意义的。教授言语信息应将新的信息与学习者原有的知识相联系。认知策略是指学习者借以调节他们的注意、感知、记忆和思维等内部心理过程的技能。对小学语文阅读课堂教学来说，重点关注的是教授学生文本阅读的方法，提高学生的阅读能力。

（三）多元智能理论

多元智能理论认为，每个学生都有自己的优势智力领域和弱势智力领域，有自己的学习类型和方法。因此，我们的课堂中再也不应该有"笨学生"的存在，只有智力特点、学习类型和发展方向不同的学生的聚集，对暂时学习困难的学生，我们应该"对症下药"。因此，我们要充分了解学生学习效果不佳的原因，采用不同的教学策略。

（四）林崇德聚焦思维结构的智力理论

智力和思维研究是心理学领域中的基础研究课题，也一直是众多学科、众多学者关注的焦点问题。在我国，林崇德是活跃在这一研究领域中的杰出代表。他基于30多年的研究，提出了"聚焦思维结构的智力理论"。该理论指出：智力由思维感知（观察）、记忆、想象、言语和操作技能组成，而思维是智力和能力的核心；思维品质决定了人与人之间思维乃至智力的个体差异；思维的特点包括概括性、逻辑性、目的性、层次性、产生性等方面，而概括性是智力乃至思维的基础和首要特点；训练思维品质是培养学生思维能力的突破口；思维能力的培养，最终要发展逻辑思维能力等。林崇德认为：思维结构具有多元性，包括思维目的、思维材料、思维过程、思维品质、非认知因素和思维的自我监控等。思维的目的就是思维活动的方向和预期的结果。思维的材料，就是外部信息的内部表征。

（五）建构主义理论

建构主义理论所蕴含的教学思想主要体现在知识观、学生观、学习观和教学观等方面。

1. 知识观

建构主义认为，知识不是对现实的准确表征，它只是一种解释和假设，不是最终答案；知识需要对具体情境进行再创造；知识的外在形式与学生的理解和表征可能有差异，真正地理解是由学生自身基于自己的经验背景而建构起来的，取决于特定学习情况下的学习活动。

2. 学生观

建构主义强调，学生并不是空着脑袋进入学习情境的，在学习之前，他们已经形成了有关的知识和经验；教师应当把学生已有的知识经验作为学习基础，引导学生从已有的知识经验中发展出新的知识经验。

3. 学习观

建构主义学习观主要表现在三个方面。

第一，学习的主动建构性。建构主义认为，学习不是从外界吸收知识的过程，而是学生在已有知识经验的基础上主动进行知识建构的过程。

第二，学习的社会互动性。学习是在某种社会文化的参与中掌握相关的知识、技能的过程，这一过程往往需要在一个学习共同体中通过合作互动来完成。

第三，学习的情境性。知识是存在于具体的、情境性的活动之中的，学习应该与情境化的社会实践活动结合起来。

4. 教学观

建构主义的教学观主要体现在四个方面。

一是教学过程。教学过程中的核心活动不只是强化学生记忆、进行操练，还要培养学生的高水平思维。因此，教师在教学中要设置一些能激发学生思考的核心问题，要给学生提供深入思考的时间和机会，给予必要的支持和启发，不要过早地进行评判；教师要指导学生掌握相关的学习策略，鼓励学生对学习过程进行自我规划、反思和调节。

二是组织方式。在自由平等的学习氛围中，师生和生生之间要加强互动交流；教师要在聆听学生想法的基础上提供有针对性的指导；师生和生生之间要展开充分的交流讨论与合作，建构共享性的知识。

三是资源环境。教师要为学生提供丰富多样的学习资源，创设真实的学习情境，提供能促进知识建构的认知工具。

四是教学目的与结果。教学要培养具有问题解决能力、探究与合作精神的人。通过教学，学生能用自己所学的知识做出推论，解释相关的现象；把所学的知识与自己先前的知识经验联系起来，形成良好的认知结构和自己独特的见解；能解决变通性问题、综合性问题和生活中的实际问题。

建构主义理论认为，阅读的目的就是理解课文。它把这种理解看成一个主动的、积极的策略加工过程。策略加工是指读者会在目标的引领下对文本中的事件、主人公的行为和状态进行即时的推理与解释，会依据当前读到的内容去唤醒自己已有的知识，把当前接收到的信息和自己头脑中已有的信息进行整合，随着阅读活动的进行不断构建文章的连贯的表征。

如果读者能把正在读的句子和先前读到的句子或工作记忆里的信息联系起来，那么读者的阅读就达到了局部连贯；如果读者能把正在读的信息与课文更宏观的结构里的信息或者课文先前的、已经不再处于工作记忆里的信息联系起来，那么读者的阅读就达到了整体连贯。

建构主义理论关于阅读过程中的信息加工问题最具有代表性的理论是更新追随假设、恢复整合假设、因果关系网络模型以及事件标记模型。这些理论都从不同的维度证明了阅读过程的积极性和策略加工的存在。

（六）最低限度假设理论

该理论是在质疑建构主义理论关于文本阅读过程中的推理问题而提出来的，它关注阅读中的推理。该理论认为，在自然阅读的情况下，读者不会随着阅读过程即时地进行推理、信息整合以形成一个连贯的文本表征，而且阅读的信息加工方式主要是自动化加工。在阅读活动中，读者针对那些易于获得的信息进行整合，只要当前阅读的信息能与读者工作记忆中所保持的文本信息进行整合，维持局部连贯，那么文本先前已经进入长时记忆的相关信息就不会再通达，只有在当前接收的信息出现了局部连贯中断的情况下，读者才会激活长时记忆中的信息来进行推理整合。因此，在整个阅读活动中，读者的角色是消极的、被动的。

（七）记忆基础文本加工理论

建构主义理论和最低限度假设理论是早期最具有代表性的理论，这两种理论的观点截然不同，但又有各自的实验证据支持。在这两种理论观点上的争议没有很好解决的情况下，记忆基础文本加工理论应运而生。该理论是在最低限度假设理论的基础上形成的，并逐渐成为目前最有影响力的一种文本阅读理论。

该理论保留了最低限度假设理论否定阅读过程中的即时推理，同时对最低限度假设理论进行了发展和扩充。它强调阅读过程中的自动推理，认为文本阅读过程中即使局部连贯没有中断，读者也会进行推理。同时，该理论承认读者在形成文本的整体连贯表征的过程中会产生推理，甚至包括精加工推理，但绝大部分的推理是通过自动激活就可以完成的，这显然否定了建构主义理论关于通过策略性加工来构建文本表征的观点。而对于最低限度假设理论中关于当前信息只能与保持在短时记忆中的信息维持局部连贯而不会激活已经进入长时记忆中的文本信息这一观点，记忆基础文本加工理论并不赞同。它强调读者在阅读过程中既要构建局部连贯，也要构建整体连贯。该理论认为，在阅读过程中，即使在局部连贯不中断的情况下，读者也会通达长时记忆中的信息，非策略地、被动地、快速地激活能与之相匹配的文本信息，此过程称为共振。影响共振激活的主要因素是先前信息与当前信息在概念特征上的重叠程度。所谓重叠，主要是指概念语义上的相关性。如果没有特征上的重叠，则先前的信息就不可能被激活。只要有足够的重叠，即使两者相距较远，先前信息仍然会得到激活。

随着研究的不断深入，该理论也面临着新的挑战。首先，虽然信息激活过程中的共振观点有实验的证实，并得到了大部分研究者的认可，但有相关研究表明，这一过程中并不能完全排除读者策略的存在。其次，在信息整合阶段，越来越多的研究者都倾向于该过程既包含记忆基础文本加工理论所主张的被动的、类似于共振的整合，也包含建构主义所倡导的主动的、类似于意义搜索的评价过程。

（八）文本阅读信息双加工理论

文本阅读研究一直是阅读心理研究的一个重要内容，是心理学界十分重视和关注的一个课题。文本阅读中的信息整合研究已经慢慢成为文本阅读研究的核心和热点问题。研究者普遍认为，文本阅读过程实质上就是在读者头脑中建构起关于文本内容、层次及主题的表征系统的过程，这个过程不仅包括对文章中句子和词的理解，还要将当前加工的信息与先前不在读者记忆中的背景信息相整合，以形成局部与整体连贯的心理表征。在文本阅读过程中，读者一般会建立起表层表征、文本基础表征和情境模型三种表征，另外，读者在阅读过程中会利用各种维度的信息建构起情境模型，如空间、时间、因果目的和主角等。研究者在每一个维度上都进行了相关的实验研究，并取得了研究成果，但是目前关于信息整合的许多问题还存在争议。这些争议的核心问题引起了我国心理学工作者的兴趣，莫雷、冷英、王瑞明等学者全面分析和总结了国内外心理学界关于文本阅读的研究成果，聚焦国际文本阅读信息加工的前沿问题展开系统的研究，提出了文本阅读信息双加工理论，从理论上对文本阅读中的主要争议进行了初步整合。

文本阅读信息双加工理论的核心观点是：阅读文本的自然阅读过程是连贯阅读与焦点阅读的双加工过程。如果当前阅读的文本信息是没有引发焦点的信息或是与焦点无关的信息，读者进行的就是连贯性阅读加工活动，这种加工是被动的、消极的，其主要任务是维持文本语义的局部连贯或整体连贯。焦点阅读加工主要是使读者把握阅读文本的基本要旨，形成文本的局部或整体的逻辑连贯，这种加工是一个主动的、积极的构建过程，体现了阅读过程中读者的主动性。

文本阅读信息双加工理论还进一步说明了在实际阅读过程中连贯阅读和焦点阅读是如何交互进行的。该理论提出，在任务条件下的阅读主要是焦点阅读。在自然阅读过程中，读者默认的是连贯阅读，随着阅读的进行，文本的内容或形式如果出现某些性质或特点，就可能引发读者转入焦点阅读的方式。

同时，该理论还根据实验得出以下结论：在阅读中，读者进行何种信息加工活动与阅读材料的特点、阅读过程的性质等因素息息相关。文本阅读中读者所阅读的材料特点不同，引发的阅读信息加工活动也不同，而不同性质的阅读过程又会引发不同的推理整合，从而会建构不同类型的文本表征。文本阅读信息双加工理论已经形成了比较完整的理论框架，并获得了许多实验证据的支持。

作为一个新的理论，文本阅读信息双加工理论提出了其创新的理论观、框架，可以说丰富和发展了文本阅读的心理学领域的研究。

（九）元认知理论

现代认知心理学提出，认知是指从外部环境获取信息，对之加工处理并加以表征和存储，必要时提取出来经过运算以解决环境提出的问题的过程。它包括感觉、知觉、注意、记忆、表象、想象、学习、判断、思维、推理、问题解决以及语言表达和理解等环节。而元认知就是对认知自身进行反思的过程，即对认知的认知。根据心理学家弗拉维尔的观点，元认知包括三个方面：元认知知识、元认知体验和元认知监控。元认知的实质就是人对认知活动的自我意识和自我调节，就是对自我以及自我在从事任何活动时的反思能力。任何正常人都必须具备一定的元认知能力，否则就无法适应生活和工作的各种需求。但是，教育要使之从不自觉、不随意发展为一种自觉的、受控的明确意识，并在完成各种不同领域任务时发展出各种不同的元认知策略。

基于现代认知心理学和阅读学的研究，2009年刘大为教授在关于"阅读过程中的元认知"学术报告中提出从元认知的角度看阅读，即阅读作为一个相当复杂的认知过程，越是复杂的认知过程，越是需要"元"的观察和控制。他认为在阅读的过程中通过不断感知文字而获取信息，经过加工处理而达到理解，或者加以表征、存储以丰富我们的知识结构，或者用之解决环境提出的问题。从元认知的角度看阅读，阅读过程并非简单地对文字的识别以及对文字所负载的信息进行加工和理解的过程，而是一个对该过程积极监控、评价、调节的元认知过程。阅读的有效性，在很大程度上取决于元认知过程的运转水平。刘大为教授还在报告中对"深度理解与阅读的系列化""兴趣阅读与有计划的阅读""网络阅读与书本阅读"等阅读中元认知现象展开了科学分析。

所谓阅读系列化，就是从一个主题出发，出于对理解深度的追求而不断地寻求新的阅读文本，在这个过程中还可能引发新的主题，那么阅读的范围也会随之扩大，阅读者的阅读历程形成一个有着内在联系的文本系列。阅读系列化的形成是元认知的结果，教师要引导学生在实际的阅读过程中建立自己的阅读系列。

兴趣对阅读理解有显著的推动作用，兴趣浓厚的学生对阅读内容表现出更强的推理能力。当兴趣向动机转化时，计划就会自发地产生。因此，引导学生认识自己的阅读兴趣，实现兴趣和动机的相互转化、相互支持，让阅读计划具有可行性。

（十）研究性阅读理论

在我国，最早提出小学语文研究性阅读并对此进行研究的是全国著名特级教师、绍兴市小学语文教学学会会长周一贯老师。研究性阅读（以下简称"研读"）是指学生在教师的指导下，以研究探索的方式来自主地阅读获取和运用的一种阅读课堂教学模式。与传统的阅读课堂教学模式相比,它有三个特别的含义。

1. 学生在教师的指导下阅读

研究性阅读理论特别强调了研读教学的聚焦点是学生,即学生处于阅读教学的主体地位,是课堂的主体。这种以学生为中心的师生关系突出了阅读是学生的活动。当然,这一阅读活动不是个体封闭式的自学,而是在班级集体的课堂教学环境中进行群体开放式的合作学习。它不能没有教师的指导和帮助,但这绝不是教师的灌输或传授。教师的主要指导作用在于营造一种有利于学生研读的环境和氛围,创设引领学生阅读的途径和方法。

2. 以研究探索的方式阅读

研究探索的方式是人类认识未知领域的基本科学方法,就是在阅读活动中围绕研读的专题或中心,让学生从读物和自身的认知经验、生活阅历中去搜集、分析、加工、运用信息,提高综合运用所学知识发现问题、提出问题、判断问题和解决问题的能力,从而培养学生的科学精神和科学态度,掌握基本的科学方法。以研究探索的方式阅读不仅可以激发学生的阅读兴趣,提高阅读能力,而且可以达到理解和运用祖国的语言文字、陶冶情操、培养创新意识、优化整体素质的目的。

3. 自主地阅读获取和运用

由学生主动地获取,才能变“学会”为“会学”,真正提高阅读能力,而不再一味地依赖教师的传授和灌输。这无疑是研读的重要意义之一。另外,由学生灵活地运用知识去解决阅读中的问题,更强调了研读的实践性要求,这同样十分重要。因此,我们应该自觉地走出结论学习的模式,注重经验式学习,让学生边做边学,使知识与技巧、经验产生互动,这将会大大提高学生对问题的思考能力。

自主阅读要求学生自主阅读课文,去收集、分析和处理与课文阅读专题相关的课文信息及生活信息,在增进思考力和创造力的同时,提高阅读能力和语文水平。

二、小学语文阅读课堂教学改进的实践研究的内容

本课题自2017年9月开始研究至2022年,历经5年,特别是2019年作为贵州

省教育科学规划课题立项后，课题组基于核心素养的课堂教学改进实践，研究了课题组教师所在学校学生的阅读现状及阅读课堂教学现状，研究了课标及相关课程资源的阅读教学因素，研究了基于新冠疫情的线上线下阅读教学，进行了以统编版小学语文教材为背景的小学语文阅读教学改进实践研究，研究了指向提升核心素养的读写结合教学。我们将精读、略读、课外阅读进行有效衔接，建立由"精读""略读"和"课外阅读"组成的完整的阅读体系，在教学过程中注重将阅读与思考有机融合。学生通过"阅读、思考、应用、迁移实践"不断练习，增加阅读量，提高阅读能力，提升阅读思维品质，走向有思考的阅读。

三位一体，读思融合

　　小学阶段，阅读作为语文教学中的重要板块，一向是一线语文教师关注和深耕的重要领域。通过调查不难看出：现实教学中，由于课内外阅读分离、个体阅读的自主性弱、阅读缺乏良好的方法指引等，教学中"精力耗费多，阅读成效低"的现象层出不穷。对此，统编版教材倡导的精读—略读—课外阅读"三位一体"的阅读教学体系，通过环环相扣的方法，创新性地将语文阅读模块系统化。这不仅能有效改变以往割裂式的课内外阅读带来的低效化问题，而且对促使学生"在学中运用、在运用中强化"有着事半功倍的教学效益。基于此，我们围绕"三位一体，读思融合"展开实践探索，以实现对小学语文阅读课堂教学的优化。

　　我们知道，阅读不管是对语文教师的教学，还是对学生的成长来说，都是非常重要的。阅读是运用语言文字获取信息、认识世界、发展思维、获得审美体验的重要途径，是语文教学最重要的组成部分。与之前的教科书编排相比，统编版教材在编写上更加注重对精读、略读课文的区分，引导教师构建精读—略读—课外阅读"三位一体"的阅读体系。

一、三位一体，统整阅读过程

（一）"三位一体"阅读体系的内涵及意义

　　"三位一体"阅读教学体系，就是以各单元精读课文与略读课文为主，辅以"整本书阅读""课外古诗诵读"等，构建的一个从"精读"到"略读"再到"课外阅读"的阅读教学体系。其中，精读课文侧重于让学生学"法"，略读课文强调让学生用"法"，课外阅读注重通过打通语文课堂与学生阅读生活之间的通道，在增加学生阅读量的同时培养学生的读书兴趣与读书习惯。"三位一体"阅读体系作为统编版小学语文教材的创新点之一，它的出现有着非常重要的意义。

1. 有利于学生自主阅读能力的提升

"三位一体"阅读体系进一步强调了精读课文与略读课文之间的区别。其中，精读强调教师在课堂上通过为学生搭建学习支架等教学策略，让学生掌握相应的阅读方法，教师对学生学习的引导贯穿于整个课堂教学之中。略读强调学生用法，学生将精读课文的学习所得进行尝试运用，同时可以借助课前的学习要求与课文中泡泡、旁批等助学系统进行学习，课堂中教师的主导地位逐渐弱化，给学生留出更多阅读、思考与交流的空间。课外阅读则为学生创造了更加自由广阔的阅读天地，学生可以通过大量的阅读实践，不断提升阅读能力，促进语文核心素养的发展。总之，"三位一体"阅读体系体现了由教师"扶着走"到学生"自己走"的转变，有利于学生自主阅读能力的提升。

2. 有利于由课内阅读向课外阅读的拓展

"三位一体"阅读体系中的精读、略读课文都属于课内阅读，阅读链接等课外阅读部分则体现了语文教学由课内向课外的延伸。具体而言，"三位一体"阅读体系中的课外阅读既有基于单元课文随篇推荐的阅读材料，如《秋天的雨》课后阅读链接中呈现的乌纳·雅各布《太阳时钟》的片段，也有统编版教材中"快乐读书吧"栏目推荐的整本书阅读，如三年级上册推荐的《安徒生童话》等经典童话，这表明该阅读体系有利于建立学生生活与语文课堂之间的联系，由此实现课内阅读向课外阅读的拓展。

3. 有利于由单篇阅读向整本书阅读的转变

以往的阅读教学往往过于注重单篇阅读教学，在单篇教学中又过于注重对作者意图、段落大意、写作手法等的精细分析，这不仅与课标所提倡的"多读书，读好书，读整本的书"的阅读教学实施建议相违背，而且使学生难以完成145万字的课外阅读要求。"三位一体"阅读体系改变了语文教学中过于注重单篇阅读的情况，实现了由单篇阅读到多篇阅读再到整本书阅读的转变，有利于在此过程中进一步激发学生的阅读兴趣，提升学生的阅读素养以及阅读能力。

（二）"三位一体"阅读体系的特点

三位一体阅读框架，如图1-1所示。

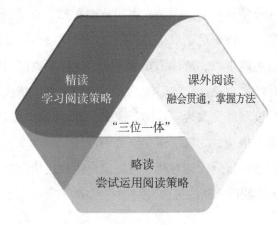

图1-1　三位一体阅读框架

1. 结构上：注重整体性

（1）统整细化，明确单元目标。单元教学目标是对单元教学的总要求，是教学该单元所要完成的根本任务，也是单元教学的核心价值，应该在该单元每一课的教学之中进行落实。统编版小学语文教材从三年级上册开始便采用了"双线组织单元结构"的形式，每一单元都有单元导语，单元导语包括两部分内容：第一部分是对该单元主题的提炼，第二部分则指明了该单元的语文要素。这样的编排形式直接将单元的教学目标体现出来，每一单元的教学目标清晰明了。

（2）厘清关系，构建阅读体系。在"三位一体"阅读体系中，"体""位"之间的关系与中国古典哲学中的"体""用"之间的关系存在一定的相似性，可将两者的关系简单描述为"体"是"位"的外在表现，"位"是"体"的内在规律，三者之间相互联系，共同构成一个有机体。由此可以看出，该体系在结构上最大的特点在于它的整体性。具体来说，三者统一于"一体"，一方面表现在三者目标一致，即培养学生的阅读能力，并将其运用于自我阅读中，从而实现语文素养、阅读兴趣、阅读能力的提升；另一方面表现在三者主体一致，即教师的教法最终需要落实到学生的得法，略读用法最终应表现为学生的自主运用，课外阅读最终应落实到学生阅读能力的养成。

2. 课程设置上：注重区分性

虽然旧版的语文教材在编排上有精读与略读之分，但是在实际教学中，有部分教师却不区分精读与略读课文，将所有课文都上成了精读课；也有的教师对精读与略读课文的理解过于简单，将两者简单理解为需要重点学习、逐段解析的课文与仅需粗略学习、整体感知的课文，这样粗略的划分是与统编版教材编写理念相违背的。"三位一体"阅读体系明确地将"精读"课文改为"教读"课文，将"略读"课文改为"自读"课文，并通过在精读课文中设置课后习题、资料袋等多个板块，在自读课文篇目中设计学习要求、旁批的方式，加大了两种课型形式上的区分，这有利于将阅读自主权还给学生，给予学生在自读课中练习巩固运用阅读方法的机会。

二、读思融合，提升核心素养

课标明确指出：义务教育语文课程培养的核心素养，是学生在语文实践活动中积累、建构并在真实的语言运用情境中表现出来的，是文化自信和语言运用、思维能力、审美创造的综合体现。思辨性阅读与表达学习任务群也在强调：通过阅读、比较、推断、质疑、讨论等方式，梳理观点、事实与材料及其关系；辨析态度与立场，辨别是非、善恶、美丑，保持好奇心和求知欲，养成勤学好问的习惯；负责任、有中心、有条理、重证据地表达，培养理性思维和理想精神。

学生在语文学习中的思维能力是随着他们对语言这个思维工具的不断掌握而发展的，充分发挥语文课程和语文教材的特殊性，运用有效的策略，引导学生在阅读中积极思考，使思维贯穿整个阅读过程，提高阅读质量，提升阅读能力，是很有必要的。在阅读实践教学中，我们不仅要注重引导学生多角度进行比较，根据所学课文结构的特殊性，适时地培养学生的逻辑思维，还要注重培养学生的问题意识。

例如，立足单元整体，巧妙提问，内化人文主题。为了促使学生将单元人文主题深刻内化，教师在教学时可以紧紧围绕单元人文主题，根据单元教学目标，巧妙设计一个"提一问而领全篇"的"主问题"，引导学生围绕"主问题"去品读语言文字，由浅入深，在阅读探究中内化单元人文主题，如六年级上册第二单元的人文主题是"重温革命岁月，把历史的声音留在心里"。如何引导学生在阅读体悟的过程中铭记历史，感受并传承先烈精神呢？在教学时，教师应当先认真解读单元教学内容。本单元共有《七律·长征》《狼牙山五壮士》《开国大典》《灯光》四篇课文。通过解读可以发现，虽然这四篇课文所反映的是不同革命斗争阶段的事情，但是其表现的精神主旨是一致的，都反映出革命者英勇无畏、宁死不屈的革命英雄主义精神，以及在艰苦斗争中所表现出来的积极向上的革命乐观主义精神。因此，在进行单元整体教学时，教师可以设计这样一个问题："本单元课文中的主要人物都是谁？他们分别给你留下了怎样的印象？"引导学生抓住课文中的关键词句进行理解，从而感受红军战士进行二万五千里长征的艰难，体会他们身上不畏艰险、勇往直前的英雄气概和革命乐观主义精神；感受狼牙山五壮士面对敌人时无所畏惧、英勇顽强的形象，以及热爱祖国、热爱人民的精神；感受中华人民共和国成立时人民群众无比自豪、激动的心情；体会战争时期以郝副营长为代表的战士们舍生忘死、英勇献身的崇高形象。知大意、聊人物、悟情感，在此基础上，进一步启发学生思考："生活在和平年代，我们应该做些什么？"从而引导学生内化本单元的人文主题，让学生意识到应该铭记历史、不忘过去，珍惜当下幸福美好的生活。

新课标对小学语文教学提出了更高的要求：小学语文教学要更加重视学生核心素养的培养，提升综合素养。要达到这一教学要求，必须将综合阅读教学放到更高的地位上，以阅读教学为突破口，将精读、略读和课外阅读有效衔接，在学生知识与技能体系发展的过程中形成有主次、有重点的教学策略。同时，在阅读教学中重视思维能力的培养，实现小学语文教学质量的整体提升。

在阅读指导实践中，我们建立由"精读""略读"和"课外阅读"组成的完整阅读体系，引导学生"精读"学习阅读策略，"略读"尝试运用策略，"课外阅读"在综合、复杂的情境中（整本书阅读）融会贯通，掌握阅读方法。阅读教学通过"阅读、思考、应用、迁移实践"的不断练习，增加阅读量，提高阅读能力，提升阅读思维品质，走向有思考的阅读。

参考文献

[1]夏红梅，郭惠宇.阅读教学与思维品质［M］.上海：上海教育出版社，2019.

[2]唐滔.小学语文深度阅读教学策略［M］.北京：现代出版社，2022.

[3]迟毓凯，莫雷，管延华.文本阅读中情境模型空间维度的非线索更新［J］.心理学报，2004，36（3）：290-297.

[4]伍丽梅.说明文的因果推理与阅读表征的研究［D］.广州：华南师范大学，2008.

[5]莫雷，郭淑斌.阅读保持的类比结构映射效应研究［J］.心理学报，1999，31（2）：169-176.

[6]莫雷，张金桥.文章阅读对写作的结构映射迁移的实验研究［J］.心理发展与教育，1999（1）：28-31.

[7]崔峦.新世纪，小学教学要有跨越式的发展［J］.小学教学设计，2001（1）：6-7.

[8]莫雷，冷英，王瑞明，等.文本阅读信息加工过程研究：我国文本阅读双加工理论与实验［M］.广州：广东高等教育出版社，2009.

[9]周一贯."研究性阅读"课堂教学模式的构建［J］.教学月刊：小学版（数学），2002（6）：13-15.

[10]周一贯.研究性阅读：新世纪的课题［J］.福建教育，2001（6）：22-23.

[11]教育部基础教育课程教材专家工作委员会.义务教育语文课程标准（2011年版）解读［M］.北京：高等教育出版社，2012.

[12]施良方，崔允漷.教学理论：课堂教学的原理、策略与研究［M］.上海：华东师范大学出版社，1999.

[13]王云峰，马长燕.语文教学基础［M］.北京：教育科学出版社，2007.

[14]黎耀威.综合实践活动课型范式［M］.广州：广东教育出版社，2010.

［15］王林. 由关注技能到关注素养——从PIRLS看学校中儿童阅读能力的培养［J］. 人民教育，2008（5）：37-40.

［16］温鸿博，莫雷. 小学生语文阅读能力评价系统建构［J］. 基础教育课程，2005（3）：49-52.

［17］皮连生. 学与教的心理学［M］.5版.上海：华东师范大学，2009.

第二章

精读课文：习得方法

　　叶圣陶先生曾说："教材无非是个例子，凭这个例子要使学生能够举一反三，练成阅读和作文的熟练技能……"精读课文，就是这个非常重要的"例子"。在精读课文的教学中，教师要对学生进行阅读方法的指导，引导学生学习掌握阅读的方法。

做实学情分析

学情分析并不是一个新词语。我国古代孔子提出的"因材施教""不愤不启，不悱不发。举一隅不以三隅反，则不复也"等教育思想，就包含着学情分析。

一、如何进行学情分析

新一轮基础教育课程改革的目标之一是要改变课程过于注重知识传授的倾向，要求学生形成积极主动的学习态度，使获得基础知识与基本技能的过程成为学生学会学习和形成正确价值观的过程。"人（学生）的回归"是新课程改革的重要理念，它意味着在教学过程中学生不再是抽象的，而是具体的、生动的。在这种背景下，尊重学生的差异、关注学生学习的过程成为课堂教学一个非常重要的切入点，这凸显了学情分析的重要性。在教学实践中，一些教师也日益认识到教学设计要充分考虑学生的实际情况，突出对学生的理解。更有人指出，学情分析是一种最基本、最重要、最不该被"遗忘"的教学资源。

那么，如何才能进行有效的学情分析呢？真正有价值的学情分析应该是多元的、细致的、有深度的。

首先，学情分析要分析学生的差异性，了解学生的不足之处和独特之处，才能因材施教。学生个体的差异性和独特性是一种必备的教学资源，教师要尊重学生个体的差异性，善于利用这种差异性资源促进教学主体间的互动、协作，以促进教学相长。罗素说过："须知参差多态乃是幸福的本源。"正因为学生的多样性，才使教师的每节课都是鲜活的，而不是简单的重复。

其次，学情分析要分析学生的潜在性，即学生存在着多种发展的潜在可能性。只有了解和尊重学生的差异性，才有可能挖掘学生的潜在性。忽视学生潜在性发展的教学，是没有教育性的教学。

最后，学情分析要体现情境性。学生在学习过程中的状态是不断变化的，教师要注重教学情境中的学情分析，关注课堂教学具体形态中学生的行为，并根据学生的学习状态采取措施改进学生的学习。

二、注重学习起点分析

优秀教师有两种非常关键的智慧，即解读学生的智慧和解读教材的智慧。教材是课堂教学的可能起点，解读教材是教师根据学生的实际情况对教材进行二次加工。有效的课堂教学不仅要让学生学得轻松愉快，还要让学生在现有发展水平的基础上发展到"最近发展区"，这就要求教师不仅要分析学生，还要分析教材，在教学内容和学生的认知水平之间建立起有机联系，在学生发展的现有水平和"最近发展区"之间架起桥梁，在课堂教学的现实起点与可能起点之间架起桥梁。

（一）教材分析，关键是要整体把握教材知识结构

体系由两部分组成：一部分是知识系统结构，另一部分是知识应用结构。知识系统结构，体现的是学科知识自身内在的发展顺序和层次关系；知识应用结构，说明的是知识与事物的联系以及知识与人的关系。教师要正确把握教材的知识结构，就要对教材进行全面分析。

全面分析教材，是指要把握整个学段的教材，不管是哪个年级的教师都应该把整个学段的教材拿到手，通读教材，认真对照课程标准，知道本学段、本学科的教材包括哪些基本的知识，教学重点是什么，哪些知识前后可以整合起来，本套教材的编排意图是什么，教材内在的逻辑线索是什么。在此基础上，可以对本学段教材的知识进行梳理，写出教材分析。全面分析教材，是为了了解教材的编排思路和意图，从而明确所教的具体内容在教材体系中的位置以及与同类知识之间的衔接和关系。

例如，《猎人海力布》是统编版小学语文教材五年级上册第三单元的第一篇精读课文，这个单元是民间故事单元，选编了《猎人海力布》和《牛郎织女》两个民间故事。本单元的语文要素是"了解课文内容，创造性地复述故

事"，其目的是让学生把故事讲得更加生动、更有吸引力，发展创造性思维，培养丰富的想象力。关于复述故事，学生在中年级学习过"详细复述"和"简要复述"，"创造性地复述故事"是在前两者的基础上的进一步要求。《猎人海力布》的教学重点，一是能用较快的速度默读课文，说出课文写了海力布的哪些事情；二是能以海力布或乡亲的口吻讲述海力布劝说乡亲赶快搬家的部分。本故事篇幅较长，情节也比较曲折，教学中可以运用三年级学生学习过的预测的方法，边读故事边进行预测。此外，学生在本学期第二单元学习过快速默读的方法。基于教材编排的衔接，引导学生综合运用阅读策略，第一个教学重点结合课后第一道思考题"默读课文，说说课文写了海力布的哪几件事"即可完成。这为第二个板块的学习做了很好的铺垫。执教本课时，为了能突破第二个教学重点，引导学生变换角色，尝试创造性地复述故事，我引导学生先回顾之前学习的复述课文的方法，如可以借助表格、示意图等梳理故事内容；可以按顺序复述，不遗漏重要情节；当遇到人物的对话时，可以从直接引语转化为间接引语。海力布无法劝说乡亲们离开，说出实情后变成石头是故事的重点。为了丰富学生讲故事的经验，学习创造性复述的方法，我结合课后第二道思考题"试着以海力布或乡亲的口吻，讲一讲海力布劝说乡亲们赶快搬家的部分"，从关注"劝搬家"到"说实情"两个过程入手，激发学生充分发挥想象力，尽情交流、讨论、展示，体会创造性地讲述民间故事的乐趣。

（二）解读整册教材

部分教师在拿到新教材后，没有去关注整册教材内容，教学第一单元，不看第二单元，教学第一篇课文，不看第二篇课文。实际上，一个真正有经验的教师，首先要通读整册教材，对照相应学段的课程标准，了解编写者的意图和知识的前后联系，了解整册教材的知识结构，写出分析。解读整册教材内容不仅有助于教师把握本册教材的重点内容是什么、难点内容在哪里，也有利于教师理解本册教材内容是如何组织的。例如，开学前的小学语文集体备课，就可以组织备课组的全体教师通读教材，了解各单元课文编排、语文要素，单元与单元之间的联系，再结合学生学习实际情况进行分析，选择最为恰当的教学方法，真正实现有效的备课。

（三）解读单元内容

解读单元内容可以从两个方面进行：一是对单元做系统构成分析，了解它在教材体系中的地位，以及在整个知识体系中的位置和作用；二是对单元知识进行基本结构分析，了解知识点之间是怎样联系的，各自在层次结构中居于怎样的位置，同时组成了怎样的知识网络，等等。

例如，统编版小学语文教材四年级上册第四单元的课文都是神话故事，这是在三年级上册童话单元、三年级下册寓言单元之后，第三次以文体来编排的单元。本单元有《盘古开天地》《精卫填海》《普罗米修斯》三篇精读课文和《女娲补天》一篇略读课文，其中《精卫填海》是一篇文言文。通过整体解读单元内容，我们不难发现，整个单元的各部分之间关联性比较强。

1. 课文紧紧围绕语文要素进行编排

本单元的语文要素是"了解故事的起因、经过、结果，学习把握文章的主要内容"。精读课文的课后题和略读课文的学习提示，围绕语文要素进行了精心编排：《盘古开天地》要求学生讲述盘古开天地的过程；《普罗米修斯》要求学生按起因、经过、结果的顺序，讲述普罗米修斯盗火的故事；《女娲补天》要求学生在默读课文后能说出故事的起因、经过和结果。可见，引导学生学习课文的过程，是循序渐进、拾级而上的，学生在一系列的学习活动中了解了故事的起因、经过和结果，把握了文章的主要内容。在教学过程中，我们还可以引导学生关注神话这一文体的特殊性。例如，在执教《盘古开天地》时，可以引导学生边读边想象画面，交流故事中神奇的地方，感受盘古伟岸挺拔和无私奉献的形象；在执教《精卫填海》时，可以引导学生结合注释，用自己的话讲述故事的形式，体会故事的神奇，感受精卫坚忍执着的个性；在执教《普罗米修斯》时，可以引导学生通过交流故事中打动自己的情节的方式，感受主人公为了人类幸福不畏强暴、勇敢坚毅的美好品格；在执教《女娲补天》时，可以引导学生通过发挥想象，讲述女娲从各地捡来各种彩色石头的过程，感受女娲不怕困难、甘于奉献的美好品质。

2. "交流平台"栏目与课文的学习联系紧密

"交流平台"栏目引导学生从神奇的想象、人物个性鲜明、借用神的故事表达对世界的认知等，总结梳理神话的特点。通过对"交流平台"的学习，教师可以有意识地引导学生和教材进行有效对话，回顾自己学习课文时的阅读体验，使学生可以很轻松地将自己本单元学到的知识和方法进行梳理和统整。

3. 习作内容与本单元学习内容联系紧密

本单元的习作要求是展开想象，写一个故事，习作是半命题"我和____过一天"，内容是选择一个感兴趣的神话或童话人物，想象自己与他过一天会发生什么故事，进一步鼓励学生大胆想象、乐于表达。在教学实践中，我们可以在学习本单元四篇课文之前，让学生知晓习作的要求和内容，这样有利于学生有意识地积累写作素材，在习作时丰富素材内容。

4. 课外阅读与课内阅读联系紧密

本单元还编排了"快乐读书吧"栏目，推荐阅读中国神话和世界经典神话，引导学生进入更广阔的神话世界，认识更多性格鲜明的人物，感受魅力无限的神奇想象，了解祖先在探索和改造世界过程中的独特解释、美好向往。学生充分运用自己在课内阅读时学到的方法，有法可依，有助于推进课外阅读的进程，进一步激发阅读神话故事的兴趣。

（四）解读一篇文本或一个单元的教材

解读一篇文本或一个单元的教材，是教师进行教材分析最常见的形式。有的教师在备课时一头扎进细节，对整篇课文的结构并没有真正地理解。解读一篇课文，要明确这篇课文在整个单元中处于什么位置，编者为什么要选入这篇文章，如果换一篇文章行不行？在学习这篇文章时重点学习什么？只有明确了这些，才能有效地备课和上课。对具体教学内容的分析，首先是要确定重难点；其次要找到新授内容与学生已有知识之间的衔接点；最后根据学生已有的知识基础和知识之间的联系，采取适当的教学策略和方式。

（五）梳理语文要素，分析教材中语文要素之间的前后联系，教学时突出重点

例如，《小英雄雨来》是统编版教材小学语文四年级下册第六单元的一篇课文。这篇课文篇幅很长，讲述了抗日战争时期雨来掩护李大叔的故事，塑造了一位机智勇敢的少年英雄形象。本单元还编排了《我们家的男子汉》《芦花鞋》两篇不同时代的少年儿童成长故事。本单元的语文要素是"学习把握长文章的主要内容"。关于"把握长文章的主要内容"的阅读要求，四年级上册提出了"了解故事的起因、经过、结果，学习把握文章的主要内容"和"关注主要人物和事件，学习把握文章的主要内容"两个要素，本单元学习把握长文章的主要内容在之前所学的基础上要求有所提升。把握长文章的主要内容，要了解故事的起因、经过和结果，还要关注主要人物和事件。

本单元的三篇课文用不同的方式把文章分成几个部分，《小英雄雨来》用序号提示每个部分的内容，《我们家的男子汉》用小标题来提示，《芦花鞋》用空行的方式来提示。《小英雄雨来》课后思考题第二题要求照样子给其他五个部分列出小标题，再说说课文的主要内容；《我们家的男子汉》学习提示引导关注课文中的小标题，说说为什么称这个孩子为"男子汉"，作者对他有着怎样的情感，还可以给每个部分换个小标题；《芦花鞋》学习提示引导通过默读课文，为每个部分列出小标题，再和同学交流印象最深的内容。可见，三篇课文的课后思考题和学习提示中都提出了用列小标题把握课文主要内容的阅读要求，提示了把握长文章主要内容的方法。"交流平台"栏目紧扣本单元语文要素，以学生互相交流的形式梳理了把握长文章主要内容的方法。由于本单元的三篇课文都比较长，我们在教学实践中可以采用"长文短教"的教学策略，即立足单元整体解析语文要素，教学过程中要简化头绪，围绕语文要素突出重点，直奔教学目标，提取主要信息。当然，在教学中我们更要突出学生的主体地位，把阅读体验的时间和空间还给学生，让学生自主阅读合作，探究交流展示。

所以，在执教《小英雄雨来》时，我们可以把重点放在"初读课文，把握课文主要内容"和"学习列小标题，说说课文的主要内容"这两个板块上。教师尽量少讲或不讲，只在关键的环节进行启发和点拨。首先，教师提示学生用较快的速度读课文，边读边思考，引导学生学会"瞻前顾后"，弄清楚故事的前后联系，在学生读的过程中，可以提示学生运用学过的预测阅读策略，让学生读一读、猜一猜、想一想故事会发生怎样的变化、故事会有怎样的结局等。学生一边阅读一边猜测，一边猜测一边阅读，不仅激发了阅读的兴趣，而且能很好地感知课文的主要内容。其次，教师根据课后第二题引导学生学习列小标题的方法。课后第二题给学生列举了第一、二部分的小标题，可以让学生回顾这两部分的内容，说说这两个小标题的特点。学生会发现，这两个小标题是对这两部分内容的概括，如第一部分主要是围绕"游泳本领高"来写的，第二部分写雨来"上夜校读书"，都是以雨来为主体来说的，再在默读浏览的基础上尝试列小标题，学生快速默读课文第三至第六部分，照样子给四个部分列出小标题。如此，聚焦一个目标，简化头绪，实现长文短教。

大量课堂教学实践证明，要使教学更有时效性，只有在梳理语文要素、对语文要素前后联系进行分析的基础上，才有准确的目标定位，才能使阅读教学"教到位""不越位"。

实现一课一得

一、准确定位教学目标，突出阅读教学重点

在小学语文阅读教学过程中，首先需要明确的是阅读本身就是学生个性化行为，而教师需要做的是引导学生科学高效地在阅读过程中积累知识。教师想要充分发挥阅读教学的重要作用，第一步就是要以教材内容为核心，将精读课文和略读课文内容进行明确划分；想要突出阅读教学的重点，必须在全面了解学生差异性的同时，根据学生身心特点、认知水平等方面来制定不同的教学目标，确保其符合学生的实际发展需要。在此基础上，教师在教学精读课文时，在制定教学方案的过程中需要注重对文本的解读、分析和研讨，培养学生的综合能力。在精读课文课堂教学阶段，教师要注重阅读方式方法的应用，在突出小学生主体地位的同时，充分发挥自身辅助作用，引导学生深化阅读内容，激发学生的学习兴趣和主观能动性，积极思考知识内容。教师通过合作探究等多种学习方式来加深学生对课文的理解，为学生提供良好的阅读体验，让学生从探索、学习过程中思考感悟知识内涵，在享受情感熏陶的同时获取思想上的阅读审美乐趣，切实构建出适宜学生身心健康发展的高效课堂。

例如，在教学统编版小学语文教材三年级下册第八单元《漏》这一课文时，教师需要在了解学生差异性特点的基础上从课题入手，通过提出问题来吸引学生的阅读兴趣。例如，同学们，查查字典，说说"漏"是什么意思？再想想课文中的"漏"又指的是什么？学生初读课文后交流"漏"是什么，而老虎和贼以为它是什么，在交流中大致了解了故事的起因、经过和结果，为达成"完整地复述故事"这一教学目标打好基础。

二、精心设计教学目标，提高阅读课堂效率

教学目标具有导向功能、激励功能和调控功能，既是评价教学的依据，也能协调教与学的关系。要协调好教学、各要素的关系，就要设计好、运用好目标，就要在备课之前做好充分的设计。

（一）教学目标设计站位要高

教学目标是教学设计的依据，是教学思想、教学任务的具体体现。教学内容的取舍、教学重点的确定、教学结构和教学活动的组织、教学方法和教学手段的选择，都须从教学目标出发。可以说，教学目标的设计与实施决定了课堂教学的层次。有效的阅读教学课堂重视课堂学习活动的思辨性，关注学生在活动过程中是否进行了理性的思考。也正因如此，读思课堂采用小组合作的组织形式，能更大限度地发挥学生的自主学习与主动探究精神，把优质问题当作课堂教学的起点和基础，尊重学生思维发展的基本规律，为学生搭建思考的支架，帮助和促进学生的自主学习和思维成果展示。在设计阅读教学目标时，教师要站在学生"思维"发展乃至"人"的发展上考虑。只有站得高，才能看得远，为学生长远发展打下坚实的基础。

（二）教学目标设计要着眼整体

在实际教学中，教师往往只关心每一节课的教学目标，对单元、整本教材乃至整个学段的教学缺少关注。实际上，每一节、每一单元、每一册都有目标。"不积跬步，无以至千里"，只有从整体上关注教学目标，统筹安排教学内容，才能实现教学效率的提高。

（三）教学目标要清晰而具体

如果说教的目标是告诉教师"我要去哪里""我怎样到达那里"的话，那么学习目标就是告诉学生"我们现在在哪里""我们现在要怎么做"，所以，教师对每节课学生要达成的教学目标必须是清晰的、具体的。"清晰而具体"体现在三个方面：一是要"明"，教师在本节课上做什么、怎么做和做到什么程度要一目了然，学生自己也要清楚；二是要"小"，教师要真正抓住教材的核心，选择最恰当的方式来展现学生的阅读成果；三是要"少"，一课一得，一般每节课的重要学习目标为2～3条，其中重点指标1～2条即可。当然，根据

年级和内容不同，要求稍有不同。

（四）教学目标要灵活呈现

所谓灵活呈现，就是指教学目标不是教师强加给学生的，而是学生学习发展中自然生成的需要，所以有的教师也会把课堂目标称为学习目标。目标可以在学习单中呈现，也可以在课前展示，还可以随着教学进程分段展示。但不管用哪种方法展示，如果得到学生的选择和确认，就能真正调动学生学习的积极性，发展学生独立思考和批判反思的能力，提升阅读素养。

设计有效问题

一、设计有效问题，让阅读逐步进阶

读一篇课文，读了什么？结合单元目标，如何推进语文阅读任务？阅读是增长知识、发展能力的重要途径，在进行精读课文的教学设计时，设计问题是关键，要引导学生在解决一个又一个问题的过程中逐步推进阅读活动，循序渐进、拾级而上，习得阅读方法。《将相和》是五年级上册第二单元的第二篇课文，全文有三个故事，三个故事是按照时间发展顺序写的，每个小故事既具有相对的独立性又联系紧密。"完璧归赵"是第一个故事，需要教师"扶着读"，引导学生从故事中找出起因、结果，从故事中体会蔺相如的性格特点，并借助关键词句说出理由。在进行阅读指导时，教师要引导学生抓住蔺相如的动作、语言等描写，感知人物描写的方法，如"上前一步""往后退了几步""理直气壮地说""举起""大大方方地说"等。在读"负荆请罪"时，教师可以适当放手，设置问题："刚才，同学们是怎样提升阅读速度的？"学生思考后进行交流："连词成句地读，尽可能扩大视域""集中注意力，边读边思考，阅读与理解同步进行"等。这样，不仅巩固了提高阅读速度的方法，又为把握故事的发展脉络、梳理文章主要内容打下了基础。由此可见，教师设计有效问题，为学生提供学习"支架"，能帮助学生完成速读训练任务，提升课堂学习效率。

二、关注问题谋划，把握教学主线

在阅读教学中，很多时候，教师是在"教教材"，即沿着语文知识的逻辑顺序展开课程讲解。这种教法显然是固化的教法。教师要从文本研读中提炼问题主线，依托问题串联全文。那要选择什么样的问题呢？问题要聚焦语文要素，要明确核心问题，借助于"问题串"指导学生掌握语文知识点。例如，三年级上册第二单元的语文要素是"运用多种方法理解难懂的词语"。如何理解难懂的词语？下面以《铺满金色巴掌的水泥道》为例。结合课文内容，联系学生生活，找出难懂的词语，并展开问题设计，如"金色巴掌"是什么？为什么水泥道会铺满"金色巴掌"？从题目设疑入手，指引学生带着问题去阅读。引导学生通过细读文本对"秋风""秋雨"的描写，回答"明朗"的意义与"晴朗"一样吗？"凌乱"与"不规则"一样吗？由此，循着问题主线，让学生发现秋天之美，促进学生对语言的积累。

三、引导学生质疑，培养思维能力

疑问是思维活动的起点，是打开知识大门的一把万能钥匙，是进行科学探究、找到真理的重要途径，更是一切科学创造和发明的源泉。在小学语文阅读教学中，教师要善于利用问题来调动学生主动思考，培养学生的想象力和创造性思维，从而实现"高效教学"这一目标。语文作为一门语言性学科，其知识内涵丰富、思想内容博大精深，对小学生而言学习起来难度较大。以往的教学实践表明，小学生思维比较活跃，课堂上注意力不稳定、不持久，只有对事物感兴趣时才能精神高度集中，只有在充满求知欲望的时候思维意识才能比较活跃和亢奋，而枯燥的灌输式教学很容易使学生上课时分散注意力、思想开小差，以致教学效果微乎其微。"创新必思，思出于疑，疑源于趣"，因此，教师在开展语文教学时一定要结合小学生的天性特点，通过设计有趣味、多层次的连环问题，以生为本，营造探究性学习的氛围，帮助学生更快地进入学习状态。教师要善于利用层层递进式的问题，循循善诱地引导学生大胆思考，引导学生在"生疑—质疑—解析—答疑"的过程中联系新旧知识，发挥自己的创造性思维和想象力，大胆探究知识的奥秘，挖掘知识的内涵，切身体会语文学习的乐趣并逐渐掌握学习语文的方法和技巧。这不仅实现了高效课堂教学的目标，而且有效地培养了学生的创造性思维意识和能力。

例如，五年级上册第七单元第二篇课文《四季之美》按一年四季的顺序，描写了春天的黎明、夏天的夜晚、秋天的黄昏和冬天的早晨等不同时间的景致。作者用细致的笔触描写出不同时间、不同景物的动态变化，营造了美的氛围。作者感受细腻，选材视角独特，字里行间蕴含着独特的韵味，可以说每个段落、每个句子都体现出作者独特的审美情趣。在教学本文时，我们可以以课后第一、二道思考题为抓手，适时引导学生质疑，体会作者笔下四季之美的独特韵味，运用联系上下文的方法理解句子，体会其中的动态描写。如在教学"夏天最美是夜晚"这个段落时，在充分朗读的基础上，教师启发学生思考："明亮的月夜固然美"，关于月亮的描写，作者却一笔带过，而用重点笔墨描写夏天漆黑漆黑的暗夜中的萤火虫，这是为什么呢？学生带着这个疑问反复读文，边读边想象边思考，从而更能体会翩翩飞舞的萤火虫的动态美给夏天的夜晚增添了别样的美的情趣。在教学"秋天最美是黄昏"时，教师引导学生联系生活实际，谈谈人们一般对乌鸦、夕阳的认识，同桌之间讨论后反馈：关于乌鸦，平常人们是不喜欢的，认为它是不吉利的象征；关于夕阳，则想到更多的是"夕阳无限好，只是近黄昏"。教师相机引导学生：在作者笔下，这些事物会带给他怎样的感受呢？学生通过与作者笔下的"夕阳斜照西山时，动人的是点点归鸦急急匆匆地朝巢里飞去""夕阳西沉，夜幕降临，那风声、虫鸣，听起来也愈发叫人心旷神怡"进行比较，自然而然地体会到了作者对秋天黄昏的赞美与热爱。

再如，《花钟》是三年级下册第四单元的第一篇课文，这个单元的语文要素是"借助关键语句概括一段话的大意"，旨在引导学生立足一段话学习准确地找到这段话中的关键语句，并掌握借助关键语句概括一段话的大意的方法，提高提取关键信息的能力。之前学生已经学习过如何借助关键句理解一段话的意思，本单元对学生提出了进一步的学习要求，学生只有理解了一段话的意思，知道这段话是围绕哪一句话来写的，才能准确判断具有概括性或提示性的关键语句，从而概括出一段话的大意。在教学课文第一自然段时，学生借助在第三单元学习过程中的已有经验，即借助关键句理解一段话的大意，找到"要是我们留心观察，就会发现，一天之内，不同的花开放的时间是不同的"这句话，此时，教师引导学生删减修饰词来修改句子，使之更加简洁。如此，第一自然段的大意可概括为："一天之内不同的花，开放的时间是不同的。"引导学生小结方法：这是个关键句，它能概括一个自然段的意思，所以找到它就能提炼出这一自然段的主要意思，如果不够简洁，我们可以通过修改，让句子变得更简洁。

接着，学生以小组学习的方式学习课文第二自然段，借助关键句说出第二自然段的大意。可是在学习的过程中，很多小组都遇到困难了：虽然找到了关键句是"不同的植物为什么开花的时间不同呢？"但是，这个关键句不能概括第二自然段的大意，显然，借助关键句理解一段话的大意的方法在此处不适用，怎么办呢？这时教师相机追问：不同的植物为什么开花的时间不同呢？这个问题启发了学生进一步思考。通过讨论，学生明白了：这一自然段的关键句是第一句话，虽然它不能帮助我们直接概括出这一自然段的大意，但是我们可以借助这句话的提示来概括，即"植物开花的时间与温度、湿度、光照、昆虫活动的时间有关"。在这个教学片段中，画出关键语句、概括大意是教学重点，学生在概括的时候容易漏掉一部分，所以这里设计了"追问"，教师引导学生从质疑到解疑，在师生一问一答中，让学生"分两步走"：先确定关键语句，再根据关键语句的提示概括大意。

教师借助这些问题层层深入剖析，极大地调动了学生的学习热情和探究欲望。同时，学生在教师的启发下进行探索，其分析问题、思考问题、解决问题的能力得到很大的提升，思维意识和能力得到充分的锻炼。当找到答案的一瞬间，成功带来的喜悦使学生学习的自信心倍增，为学生持续学习做了良好铺垫。这一教学过程就顺理成章地培养了学生阅读思维能力。

开展读思活动

要构建高效的小学语文阅读课堂，需要切实提升阅读教学的课堂教学效果。鉴于语文教学的人文性、综合性和多样性，教师在课堂教学的实施过程中需要采用灵活多样的教学形式充分引领学生的语文学习并加以有效实践。尤其是对精读课文的阅读学习，教师更要充分给予学生更为多样的学习形式，只有不断提升语文精读课文教学活力，学生才能对语文学习保有浓厚而热忱的学习兴趣。纵观当前的小学语文教学，灵活多样的学习形式随处可见，开门见山式的新课导入、丰富多彩的教学情境创设、文本教学插图的引用及单元内容的重组和整合等，都可以成为精读课文教学的重要学习形式。但是，学习不是一成不变的。依据文本学习实际，再有针对性地施以有效的教育教学形式，就能在一定程度上突破教学难点，并使课堂教学形成活跃灵动的学习氛围，而且能极大地激发学生的主体学习能动性。

一、设置探究活动，促进语文思维拓展

语文文体教学要关注学生语言思维的发展。语文特级教师于漪认为："思维训练和语言训练应放在同等重要的地位。"对语言的学习，更要拓展学生的语文思维。在课堂教学中，对语文本体的关注要融入听、说、读、写等活动；教学活动中的设置要贯穿整个学习活动；结合学习任务，促进学生深入探究，提升学科素养。例如，五年级下册《梅花魂》的写作特色是"借物抒情"，教师对照文本，请学生回答：梅花有哪些特征？作者借梅花抒发了怎样的情感？与上学期所学的《桂花雨》一文相比，两者有何不同？围绕"借物抒情"的写法，引导学生说说"梅花魂"的"魂"是什么？融入了作者怎样的情感？文章

以"梅花"为主线，通过讲述外祖父的几件事来刻画外祖父对"梅花"的挚爱。外祖父喜欢梅花，折射了对祖国的思念。赞美梅花不畏严寒的品格，体现了中华民族顶天立地的骨气精神。通过文本对比阅读，学生围绕问题进行思考，品读"借物抒情"的深刻寓意。由此，学生通过对文本的阅读、理解，唤醒了内心的深刻情感，拓展了语文思维。

二、抓准朗读训练，提升综合素养

精讲课文是小学语文教材的重要组成部分，从基础的朗读教学入手，可以有效地提升小学生的文本分析和阅读理解能力，而这也是全方位提升学生综合能力素养的重要学习策略之一。语文教学需要在朗读体验中逐步培养学生的文本理解能力，小学语文教材中的课文篇目大都具有经典性，在思想教育及品格熏陶等方面对学生都具有很好的引领作用。为了切实提升课堂教学的实效性，在精读课文的课堂教学中，教师应引导学生在朗读与感悟相结合的语文学习中逐步形成一定的阅读语感。有效的阅读课堂必须充分体现学生的主体学习地位，虽然教师充分发挥着组织引领的教育教学作用，但是精读课文教学中不能用教师的"讲"来代替学生的"读"，教师需要在课堂教学的实施过程中通过多种教学方法和教学策略来启发、引领学生的语文阅读学习，如此，才能使语文教学焕发蓬勃生机。

朗读是小学语文教学的重要学习因素，朗读以多种表达形式深入小学语文阅读学习，除了有感情地朗读外，默读、小声读以及字正腔圆地诵读，都是学生可以尝试的朗读表达形式。阅读有助于理解吸收。对小学生而言，通过有效的教学手段和教学形式来调动学生的朗读学习积极性，可以打开学生通向语言文字学习的广袤天地。对精读课文的朗读训练，教师可以基于学生的朗读实际，结合精读课文的朗读教学目标设定更为详尽、具体的朗读学习要求。例如，在教学统编版小学语文二年级上册《古诗二首》之一的《夜宿山寺》时，教师可以依据古诗的朗读学习要求，引导学生在读准字音、读通句子并能把握好朗读停顿的基础上字正腔圆地进行诵读。除此之外，在朗读时教师还应重点引领学生把每行最后一个字读清楚，这样更有利于学生体会古诗的韵律美。听、说、读、写是相辅相成的教学整体，教师应以朗读学习为前提，帮助学生形成并掌握一定的朗读能力，在熟读成诵的基础上再指引新的学习路径，帮助学生掌握更多的读书路径。同时，教师以读为本，进一步提高学生的表达认知能力和说写能力，使学生的熟读精思成为课堂教学的基本活动，从而为提升高效课堂教学奠定基础。

三、融合导练，使课堂教学更为高效

精读课文的学习要本着突出重点、化解难点的教学原则，通过课后练习及单元语文园地等内容巩固所学的知识内容。在读讲结合、导练融合的教学思路指引下，灵活运用多种教学方法，使读文、学词、理解、表达及运用相互融合、相互贯通，如此可以使语文课堂学习更为高效。

纵观小学语文教材，我们不难发现，精读课文一般都离不开词语的理解、语句的积累、朗读训练的整合这几大要素。例如，如何结合具体的语言环境来了解词语的大致意思，在课堂教学过程中要渗透词语理解的方法。在词句积累方面，依据文本教学的具体内容，在学习课文的基础上要积累更为丰富的句式及词语。在朗读训练方面，要正确、流利、有感情地读文，使朗读成为语文学习的核心要素。

通过研读文本，我们会发现，几乎每篇精读课文都会指向读写、理解、积累和运用，课后习题也是课文学习的重点内容。单元的课后习题一般都有梯度和层次，教师要借助单元教学的核心目标实现培养学生的语文学习能力。因精读课文的教学侧重点不同，课堂教学过程中所要实践并达成的学习目标也会有所差异。精读课文教学，一般都离不开读文的情感铺垫，再结合课文所要落实的语文要素和人文主题去梳理重难点内容，在相关的教学策略实施下落实文本教学任务。同时，练习要占突出地位，学生结合习题进行语文学习实践及运用。由此可见，依据课时教学目标，灵活掌握并运用学习方法，使精读课文教学融合于字词学习、词句积累及习题练习等学习环节中，将重难点学习——化解、——突破，以达成一课一得的教学目标。例如，小学语文统编版教材三年级上册《铺满金色巴掌的水泥道》一文，教师在教学时要培养学生留心观察生活的能力，能仿照课文或"阅读链接"写出自己看到的景色，结合课后的小练笔，充分发挥导练的教学功效，使学生抓住上学或放学路上看到的景色进行练

笔，既拓宽了学生的学习思路，又培养了学生善于观察、留心发现的能力。除此之外，在字词的学习方面，教师还要引导学生运用多种方法理解难懂的词语，从而更好地了解课文的主要内容。学生在书写时可以围绕上学路上的动植物、行人、来往车辆、装修特别的店面等事物进行描述，只要有所发现，就一定能促进思维表达能力的提高，进而使精读课文的课堂教学更为高效。

四、巧设多种活动，促进个性化阅读

在语文课堂教学中，教师需要引导学生积累充足的语言素材，积极开展各式各样的语言训练和实践活动，锻炼学生应用所学知识的能力，使学生在参与这些活动的过程中更好地内化所学知识。同时，教师应当利用多种方式引导学生，如启发、讨论、点播、交流、思考等，锻炼学生感知语言文字的能力，在课堂中营造个性化的阅读氛围。

小学低年级的学生有着活泼好动的身心特点，而且注意力时长较短。教师在课堂中运用多样化的学习方法，能有效地吸引小学生的注意力，让他们在课堂上将注意力集中在教学内容上。在一次省级优质课竞赛中，一位青年教师执教古诗《晓出净慈寺送林子方》时，基于学情，巧妙设置多种教学活动，给观课者留下了很深刻的印象，下面进行具体介绍。

（一）以读为主，自主感悟

整堂课中，"读"是学生用得最多的学习方式，有自由读、齐读，有小组读、同桌读，有边欣赏西湖美景边读，也有和着优美的背景音乐如痴如醉地读。学生能做到遵从内心自由地读，源于教师的"恰当放手"。在熟悉文本、初步感知的基础上，学生对古诗有了一定的理解和认识，教师没有强硬规定或给予"节奏线"，而是以师生对读、个性化诵读的形式，以学生为主体和中心，寻求多元化的朗读，淡化了教的痕迹，教师讲解很少，更多的是引导学生通过读，读出内心的感悟，从而理解诗句的意思。

（二）借助微课，直观感受

巧妙地运用资源是本节课又一亮点。教师在教学过程中充分整合多种资源，有效地达成教学目标。例如，微视频"莲"的呈现，对调动积极的课堂氛围起到了很好的作用，学生的注意力高度集中，他们认真听、仔细观察，直观感受书写要点，为能正确、美观的书写做铺垫。

（三）发挥想象，增进理解

对古诗中描写的美好画面，教师没有逐句讲解，而是让学生通过"四步"想象增进对诗句的理解，把"诗"读成"画"。第一步：自由读三、四行诗句，展开想象，说说看到的景物；第二步：抓景物"莲叶""荷花"，品味莲叶、荷花颜色之美，读出颜色的特别；第三步：抓住"接天"进一步想象画面，说一说想到的画面，读出画面感；第四步：抓住"映日"想象画面，说一说想到的画面，读出画面感。

（四）吟唱古诗，激发热情

在学生能背诵古诗的基础上，教师吟唱古诗，鼓励学生跟着节拍一起学唱，以这种学生喜闻乐见的学习方式结课，激发学生学习古诗的热情，为学生学习更多中华优秀诗文播下文化自信的种子。

教师通过运用不同的学习方法，把不同教学环节紧密连接，有效地避免了小学生在学习过程中的倦怠感，从而提高了学习效率。此外，多样化的学习方法让学生充分参与到课堂学习中，发挥主动性，改变以往的被动学习地位，在愉快的课堂环境中实现知识的积累及语文能力的提升。巧用多样的教学方式，能使学生更加顺利地阅读课文内容，习得阅读方法，更好地化解和突破学习内容中的重点和难点，逐渐养成个性化的阅读习惯。

关注课堂评价

课堂教学评价是对在课堂教学实施过程中出现的客体对象所进行的评价活动，它是促进学生成长、教师专业发展和教学质量提高的重要手段。在阅读教学课堂实践中，我们从以下三个方面进行了不断的尝试与探索。

一、基于学情评价，发挥导向作用

在精读课文教学中，教师的积极评价也是提高学生阅读能力的重要因素。在评价总结过程中，教师始终要保持鼓励支持的态度，帮助学生树立学习自信，激发学生的学习热情，同时还要充分发挥评价语言的导向作用，在保证师生之间处于平等地位的情况下，引导学生发挥主观能动性进行自主阅读。换言之，就是在引导学生启发思维的基础上，实现阅读知识共享，帮助学生掌握阅读技巧。因此，教师需要在阅读教学中加强对学生主观意识的关注，还要保证教学评价内容的规范性，并实现教师评价和学生自我评价相结合，通过综合评价来真实反映学生的语文阅读水平，进而适当地、科学合理地提高评价标准，不断获取教育教学前进目标和动力。例如，在教学统编版小学语文四年级下册《飞向蓝天的恐龙》一课时，教师需要利用多媒体播放图片、视频的形式进行课堂导入："通过大屏幕分别看天空中的恐龙和小鸟，你对它们有什么印象呢？"学生需要运用积累的词汇进行描述："恐龙是庞大、凶猛和笨重的，而小鸟则是轻巧、灵活和温顺的。"这个时候，教师需要给予鼓励来增强学生自信心，如"总结得很到位""观察得很仔细"等。接下来教师要引导学生通过精细化阅读课文来说一下"庞大的恐龙是怎么飞上蓝天的呢？"在学生回答相关问题后，教师需要进行鼓励性评价："你已经很会读书了，如果在理解句子的时候能联系一下上下文，那么你的感受就会更加深刻。"教师还可以通过小组合作的方式引导学生思考并理解段落的大概意思，让学生发表看法并陈述理由，尊重学生的独特感受，这既满足了学生的身心发展需求，又明确了学生的教育主体地位，有利于培养学生的概括总结、团结合作和语言表达等各种能力。

二、适当鼓励评价，激活学习热情

在教学精读课文的过程中，我们尝试积极开展不同类型的教学活动，使学生与学生、学生与文本、学生与教师之间都能进行平等且自由的沟通，锻炼学生的自主阅读能力。平等的交流能给予学生更多的启发。因此，教师需要在教学过程中增强学生的主体意识，将求知变成学生学习的乐趣，促使学生形成良好的学习习惯。同时，教师需要灵活运用激励性的语言，给予学生恰当、合理的评价。

例如，在教学《纪昌学射》时，教师可利用先扶后放的教学方式，使学生能在阅读的过程中准确把握关键词，认真品读课文中的语句，体会和感知人物品质。同时，教师应当灵活运用合作学习、小组探究的方式，鼓励学生围绕课文内容展开沟通；适当给予评价与点拨，引导学生分析人物品质。在带领学生学习和了解纪昌第一次练眼力的内容时，教师要结合课文内容提出问题，让学生表达自己独特的想法和观点。在学生完成各自的表达后，教师要进行适当点评：你已经学会阅读课文内容的方法了，在理解语句时如果能联系我们的日常生活，那么就会产生更加深刻的认知。这样的评价方式比较全面、客观，可让学生更好地理解课文内容。在与学生探究纪昌的良好品质时，教师结合课文内容继续提出问题：你们是否见过梭子？"牢牢"的意思是什么？现在请你们坐好，牢牢盯着黑板，不能眨眼睛，时长为20秒，你有怎样的感受？在两年的时间内，纪昌可能会遇到怎样的问题和困难？教师鼓励学生联系实际生活再次阅读课文内容，同时针对学生的回答进行客观、全面的评价。通过教师的有效评价，学生能发现自己的问题，进而不断完善和提高自己。此外，教师要避免打击学生学习的积极性，保护好学生的自尊心，尽可能用一些激励性的语言委婉地提出改正意见。

三、教学评一致，培养思维能力

随着《义务教育语文课程标准（2022年版）》的正式颁布，教学评一体化已成为当前较为有效的一种教学模式，对激发学生学习兴趣、培养学生解决问题的能力有着十分重要的作用。例如，执教《燕子》一课，在识字写字的教学环节，教师引导学生自主发现书写要点，结合书写训练，在及时的反馈评价中再次巩固书写方法，将"横画平、行等距"这一书写要求落到实处。再如，师生共读课文环节，教师积极开展学生互评。学生作为教学活动的主体，不光自己要努力读好课文，还要积极参与到评价互评活动中，教师针对学生的表现进行客观公正的评价。这样不仅有助于良好学习氛围的形成，还能加深学生对问题的思考，有效促进学生思维能力的发展，强化学生对知识的理解和记忆，学习效率将事半功倍。

重视策略学习

统编版小学语文教科书特设"阅读策略单元"，此类单元旨在引导学生学习并掌握基本的阅读策略，形成运用阅读策略的意识，成为积极的阅读者。阅读策略单元一般编排3～4篇课文，前面的课文重在进行阅读指导；后面的课文引导学生在实践中综合运用本单元学到的阅读策略；课后题与"交流平台"等对本单元的策略进行梳理、总结，并指导学生拓展、运用。以下列举的是在教学中指导学生学习预测和用一定的速度默读的例子。

一、在阅读教学中落实预测策略

（一）依照题目，大胆预测

《义务教育语文课程标准（2022年版）》指出："应设计阅读、讨论、探究、演讲、写作等多种学习活动，引导学生学习发现、思考、探究问题的思路和方法。"在这一理念的指导下，教师在阅读教学中应鼓励学生从问题出发，用质疑的态度阅读文章，在整个阅读过程中不断思考，在思考中与文本形成互动，从而激发学生在阅读中不断探究的渴望，使学生真正融入阅读，提高阅读时的思考能力。

文章最具有灵魂的体现是开篇的题目，题目不但是文章的核心，更是文章中心主旨，对题目的解读可以让学生初步掌握整篇文章的内容和情感。在教学开始之前，引导学生对课文题目提出自己的疑问，进行思维的碰撞。例如，《总也倒不了的老屋》这个题目就充满了新鲜感，上课伊始，执教老师让学生对课题大胆地提出自己的猜测和疑问，并且形成初步的假设。

（二）整理信息，预测情节

课文中的有效信息，如插图、文字线索、批注、提示等能有效地引导学生猜想、推论。此外，学生的知识储备和生活常识等也是很好的预测途径。统编版小学语文教材有非常精美的插图。例如，《总也倒不了的老屋》的两幅插图，一幅是老屋和小猫，一幅是正在织网的蜘蛛，在课中，学生能巧妙地利用插图猜测老屋的性格、小猫与老屋的故事、即将出现的人物等。精美的插图构建起一个个故事，顺利地把学生带进课堂、带入情节里。课文中的文字充满了趣味性。再如，在《总也倒不了的老屋》中，"好了，我到了倒下的时候了！"一句话出现了三次，反复的手法推动故事情节发展，学生能顺利地预测到有三个故事情节，慈祥和蔼的老屋一定帮助了很多人才一直没有倒下。文章的段落结构相似，语言相似，反复出现的内容能帮助学生顺利地完成对文章后面内容的预测。

（三）有效联结，推动预测

预测并不是天马行空地胡乱猜测，也不是凭借着自己的喜好随性地推测，而是在有一定根据的基础上，读者从自己现有的知识背景出发，通过与个人情感态度和生活经验进行联系而做出预测。因此，在阅读中，预测策略往往会和联结策略一起使用。联结是阅读策略中的一种，主要有三种类型：文本与读者的联结、文本与生活的联结、文本与文本的联结。学生在读一篇文章或一本书时，将自己提取的信息进行前后联结，并进行推想和猜测。此外，学生在阅读时不能仅停留在文本，还需要调动自己已有的知识储备，结合自己的生活常识与经验，形成自己的猜想或观点；还可以通过不同文本的迁移联结，构建一个相对完整的知识体系，形成自己的观点。

（四）学以迁移，运用预测

温儒敏教授曾对统编版小学语文教材有过这样的描述：阅读策略单元的安排，主要是为了让学生掌握相应的阅读方法，不但是对教材阅读，更要学会拓展阅读。在实际教学中，教师可以有意识地讲一点阅读常识，通过举一反三让学生产生阅读兴趣，自己主动去找书读。另外，在进行阅读教学时，教师要注重将"精读""略读""课外阅读"融合在一起，用尽一切办法培养学生阅读兴趣，有了兴趣的驱动，语文素养的提升才能得到落实。在学习《总也倒不了的老屋》后，学生能初步体会到预测的几个方法，然后在自读课文《胡萝卜先生的长胡子》和《不会叫的狗》时，能用上学到的预测方法，以此来对预测方法进行不断巩固和复习。这样先扶后放、先学再用，在"策略学习—练习实践—反思体会—知识内化"的循环中，让学生逐渐养成习惯，形成能力。学以迁移，学习巩固预测策略，是为了后续习作训练的检验——运用预测策略续写故事。续写，就是从原文出发，遵循原文思路，在已有的内容基础上进行推测和猜想，延伸故事情节，叙写故事内容。学生在故事续写过程中注重将学到的阅读策略巧妙地迁移到写作中去。对故事结局的预测可以依据插图和泡泡语等。当然，续写不是漫无目的地随性书写，也不是采用一贯思维，而是结合前三幅图上的文字，关注人物的动作语言和神态，厘清故事中的人物关系，了解故事的起因，然后展开充分的联想，预测故事的结局。在整个续写过程中，教师可以引导学生自预测开始便与自己的生活实际相联系，或是采取分组讨论或提问的方式激发学生对图片内容的感悟与理解，指导学生进行科学化、多元化预测。最后就是书写，即学生将自己预测的结果通过书面形式合理地阐述出来。

阅读教学课程的扎实开展，不仅可以让学生的语文知识得到巩固，更可以让学生的视野得到拓宽。网络时代的发展，给小学生提供了很多选择读物的机会，但是如何正确地去选择，也是需要解决的问题。因此，小学高年级教师在开展阅读课程的同时要重视指导学生对阅读读物的选择。除此之外，在教材篇目阅读教学中，教师更应该掌握正确的方法，调动学生的学习主动性，只有对阅读产生浓厚的兴趣，学生才会有动力，才会在不受监督的情况下自己主动地进行阅读，也才能在持续的阅读中提升自己的阅读能力。

二、在阅读教学中提升默读速度

（一）阅读提速有妙招，阅读能力提速高

"提高阅读速度"不等同于"快速阅读"。本单元的教学重在关注和指导学生的阅读过程，强化学生阅读时的"速度意识"，让学生了解和掌握提高阅读速度的一般方法，引导学生进行反复的阅读实践，练习体会，掌握方法，熟练运用，以提高阅读效率。因此，在教学本单元时，教师要关注本单元教材的

整体性和连贯性，立足单元，整体设计，整体教学，既做到一课一得，又兼顾阅读策略的连续性和发展性，让学生在阅读实践中逐步提高阅读速度，提高阅读效率。要想在短时间内提升学生的阅读速度还是有一定难度的，这就需要教师立足教材文本，为学生搭建恰当的阅读支架，以帮助学生习得提升阅读速度的方法，促进语文要素在课堂中的落实。

（二）用较快的速度默读，集中注意力不回读

《搭石》作为五年级上册第二单元阅读策略单元的第一课，重在提高和培养学生阅读速度和基本的阅读习惯。学习提示提出：一是"用较快的速度默读课文记录下所用的时间"；二是"读的时候集中注意力"；三是"遇到不懂的词语不要停下来，不要回读"。"集中注意力"是基本的阅读习惯，要求阅读时不走神、不分心，专注地阅读，排除外界的干扰；"不要回读"是提高阅读速度的基本策略，回读的次数越多，阅读的速度越慢。为了让学生习得"集中注意力，不回读"的方法，在教学《搭石》一课时，教师可以借助多媒体，把学生需要阅读的内容以遮挡的形式呈现，当学生读完一行以后，课件就自动把它遮住，或者引导学生以读一行用本子遮挡一行的形式进行阅读训练，使学生感受到什么是"不回读"。这样，学生由于看不到读过的内容，也就不会回读，通过片段反复练习，集中注意力，不回读的阅读能力就会得到提升。

（三）连词成句地读

本单元第二篇课文《将相和》的教学重在引导学生用"连词成句地读"的方法来提高阅读速度。学习提示提出"尽量连词成句地读，不要一个字一个字地读"。连词成句读，即不要逐字逐句读，而是逐句逐行读，甚至一目几行地读。这就要求学生在阅读时要迅速抓住句子主干，一眼看到句子，甚至是段落的主要内容，这样阅读速度自然就能提高了。为了落实这一阅读方法，我们在执教《将相和》时利用课后第二题的片段展开训练，在10秒的限时阅读中，让学生说说自己一眼能看到多少内容，通过与小伙伴阅读的情况进行对比来引导学生掌握连词成句阅读的方法。

（四）借助关键词句读

本单元第三篇课文《什么比猎豹的速度更快》在学习提示中提出"借助关键词句，用较快的速度默读课文，记下所用的时间"。课后第二题指向对课文内容的理解，列出本课介绍过的事物，意在让学生按照事物运动的速度按照从快到慢的顺序填写序号。为了落实"借助关键词句"读的方法，教师借助文本，说出每一段中"××比××更快"的特点，学生借助文中表示事物的关键词句"人、鸵鸟、猎豹、游隼、喷气式飞机、火箭、流星、光"，很快就能读懂课文的内容，进而把握课文内容之间的内在联系。引导学生把握关键句进行阅读对提高阅读速度是大有益处的。

（五）带着问题读

带着问题读，可以迅速寻找文中与问题有关的信息，忽略其他与问题无关的语段，这样的读无疑是高效的，不仅可以节省阅读时间，提高阅读速度，还解答了相关问题。《冀中的地道战》是本单元的最后一课，学习提示提出"带着问题"读，要求学生边读边思考，做一个积极的阅读者，从而更快地关注到关键信息，更好地理解课文主要内容，由此提高阅读速度。在教学本文时，我们抓住课后练习"地道战取得成功的关键是什么？"这个问题，引导学生寻找关键段落阅读以解决问题，理解课文内容。这样有明确目标的指向性阅读，大大提高了阅读速度。

（六）计时默读

本单元四篇课文在课前的学习提示中都提出"用较快的速度默读课文，记下所用的时间"，在课后习题中也都明确提出"你读这篇课文用了几分钟？了解了哪些内容？"这是小学语文学习中第一次提出阅读计时要求，要求学生默读，即不出声地读。教学时，我们利用多媒体希沃软件里的时钟计时器让学生计时默读课文，记录下所用的时间，然后通过检测题来检测学生对课文的理解程度。

阅读策略在小学语文阅读教学中的运用是一个逐渐推进的过程。提高阅读速度是学生必备的一种语文素养，教师在教学中要解读策略单元的教学说明，明确教学目标，教给学生提高阅读速度的方法，在反复的阅读实践中提高学生的阅读速度，培养学生阅读能力，提升学生语文核心素养。

尝试线上教学

一、线上阅读教学，基于学情促实效

2020年年初，我国面对新冠疫情带来的严峻挑战。为打好疫情防控的人民战争、总体战和阻击战，教育部做出了2020年春季学期延期开学的决定。这意味着学生要以在线的方式开展学习活动，如何确保学生的在线学习质量？这是每一位教育管理者和教师都要直面的必答题。特殊时期，怎样于"空中"实现线上阅读教学，我们做了以下尝试。

（一）陪伴线上学习，及时反馈学习情况

与学生一起听"空中黔课"。例如，听统编版一年级下册《春夏秋冬》，执教老师的字理识字环节，直观清楚，有助于文化渗透，教学活动生动有趣，作业建议有助于提高学生的交流与表达能力。此外，教师充分利用课文插图，使其功能——认字、学词、理解短语，绘声绘色，直观形象最大限度地发展出来。听课后，我们结合学生的实际情况来思考：他们学得怎样？与线上教学中学习的小伙伴有没有差距？再如，听四年级下册《宿新市徐公店》，在引导学生理解诗句时，教师创设两次学习情境作为理解的支架，我们思考：这是否在无形中降低了学习要求？另外，作为四年级的古诗阅读，教师是否可以设计拓展阅读其他相关的诗句？

通过家校联系群，我们了解学生学习的情况，如：听课质量怎么样？有什么收获？还有哪些疑惑？作业完成情况怎样？我们根据学情进行分析，准备查漏补缺。

（二）制作"知识胶囊"，进行阅读拓展与反馈

"知识胶囊"是希沃白板中的一个功能，是重新定义的微课。利用现代教

育信息技术，利用希沃平台制作的"知识胶囊"，可以为学生提供使用方便的学习资源。例如，统编版一年级下册《动物儿歌》的"知识胶囊"教学设计可以这样：

1. 分析教材

本文是一首充满童趣的儿歌，介绍了6种小动物的生活习性，教材还配有生动有趣的彩图，展现了动物美好快乐的活动画面。这里的小动物都是昆虫，本课要求认识的生字中有6个是虫字旁，而且是左形右声的形声字，教师应在教学中引导学生了解形声字的特点，从而有效识记生字。教师在教学识字儿歌时还应在学生熟读儿歌的基础上，联系教材中的彩图和学生生活经验，采用多种方法引导学生读准字音，识记字形。儿歌的特点是有节奏、有韵律，本课儿歌每一句都是由"谁在哪里干什么"的结构组成的，因此教师应引导学生在多种形式的朗读中感受儿歌的节奏和韵律，培养学生的语感。

2. 分析学情

学生经过一个学期的写字学习，基本掌握了已学的"先横后竖、先撇后捺、从左到右、先外后内再封口"等书写规则，在一年级上学期已学过与本课有关的偏旁：三点水、走之、门字框。大多数孩子正在养成良好的书写习惯，书写时坐姿及握笔姿势正确，对写字有着浓厚的兴趣，喜欢书写。但少数孩子书写基础薄弱，写字速度慢，较吃力，坐姿及握笔姿势都有待指导。

3. 基于教材和学情分析，设定教学目标

（1）学生通过观察字的结构、回忆书写规则、观察老师示范书写等学习活动，能正确规范地书写本课的7个生字：间、迷、造、运、池、欢、网。

（2）学生能在语境中根据拼音的提示正确书写本课生字。

（3）学生能养成良好的书写习惯，激发书写兴趣。

通过"读一读""分一分""看一看""想一想""写一写""用一用"六个环节，扎扎实实写好字的同时，注重语言的实践运用，把写字与阅读教学有机结合起来。

（4）教师录制"知识胶囊"，分享海报到家校联系群，让学生在课前就能参与学习，提高了教学效率。

（三）线上线下"混合式"教学

线上教学有很大的优势：课件清晰，教师讲解声音清楚，交互式活动能深深吸引学生注意力；匿名互动减少了学生的心理负担，因而学生表现更为踊跃；另外，学生课后可以任意回看课堂内容，根据自己的学习效果选择回看的次数。但是，由于班上50多个学生居家学习，执教老师每次课上只能与少部分孩子互动，没有关注到其他学生，他们大多数在学习过程中的状态怎样？在积极参与学习活动吗？在认真听讲吗？那些家长不在身边的孩子，他们还在屏幕前吗？果然，从学生的课后作业反馈来看：大多数孩子对学习内容没有真的弄懂！其中很多内容教师明明已经讲得非常清楚了，可是学生还是没有学明白。

一次偶然的机会，我们有幸参与学习了清华大学于歆杰教授的线上直播课程——"以学生为中心的在线教学设计方法"。于教授从在线教学理念、实施和评价三个层面，为大家分享以学生为中心的在线教学设计方法，提供实时交互在线教学的经验，并探讨在线教学对未来教育教学带来的变革和影响。于教授用三个字总结了优质在线教学设计的特点：碎、动、减。碎：不在教室见面降低了教师的吸引力，因此，40分钟一节课，时间太长了，课堂无法达到原有的授课质量，要拆成20～30分钟一段来授课。动：在每个相对较短的时间里，必须采用比校园课堂授课更丰富的交互式手段，才能吸引学生的注意力。减：减少课程内容，这要求教师既进行精细的教学设计，梳理教学的内容，又要采取有效措施来确保学生的有效学习行为，取得可衡量的学习成效。

这次学习让我们受益匪浅，决定在教学实践中进行探索。在教学三年级下册《慢性子裁缝和急性子顾客》一文时，我们尝试进行线上线下"混合式"教学。

1. 分析教材

《慢性子裁缝和急性子顾客》是三年级下册第八单元的第一篇课文。本单元以有趣的故事为主题，编排了《慢性子裁缝和急性子顾客》《方帽子店》《漏》《枣核》四篇课文，《慢性子裁缝和急性子顾客》中裁缝慢条斯理，顾客急于求成，故事结局很有意思，出人意料却又在情理之中。本单元的语文要素是"了解故事的主要内容，复述故事"。教材在第一学段已经做过借助图片讲故事、根据提示讲故事等相关练习，主要呈现在个别课文的课后练习题中。本单元是教材中首次把复述作为单元语文要素进行集中学习。详细复述是内化课文语言、学习表达的过程。与第一学段的课文相比，本单元的四篇课文都比较长，故事内容也非常丰富。为了帮助学生复述故事，四篇课文在课后练习或者是学习提示中都明确了复述这一语文要素在本课具体落实的要求与方法。《慢性子裁缝和急性子顾客》引导学生先借助表格，梳理顾客和裁缝在几天里的不同要求和表现，再有序地复述故事。

2. 分析学情

三年级的孩子喜欢听故事、讲故事，对学习故事有浓厚的兴趣。而本单元为孩子们呈现的四篇课文都是内容丰富且有趣的故事，对孩子们而言，学习本单元的课文犹如饱尝故事大餐。教学时教师可以适当放手，避免对课文内容面面俱到、琐碎分析。由于学生是第一次进行"正式复述学习"，教师要引导学生重点关注故事中的主要情节以及让人意想不到的内容，体会故事的有趣，把故事内容内化于心，为复述故事做好铺垫。学习复述的方法，把时间更多地用在学习怎样复述故事上面，在语言实践活动中提高表达、思考等综合能力。

3. 基于教材和学情分析，设定教学目标

（1）认识"箱""夸"等10个生字，读准多音字"缝""夹"，会写"性""卷"等12个字，会写"性子、布料"等15个词语。

（2）分角色朗读课文，能读出裁缝和顾客对话时的语气，体会人物的性格特点。

（3）默读课文，能从文中提取有关顾客要求和裁缝反应的信息，借助表格复述故事。

二、返校复学，单元整体有收获

五月天，繁花似锦，绿荫如海，终于迎来返校开学的美好时光！孩子们终于返校复课了。但是，面对复学，教师该教什么？怎样教？是广大一线教师不得不思考的问题。很多一线教师积极行动起来，齐心协力，打造"复课者联盟"。

（一）完成一次精准的学情摸排

为了充分了解孩子们的学习情况，教师们主要从两个方面进行了学情摸排：一是整理学生居家学习期间线上作业的情况；二是利用开学前三天进行"线上大家访"。教师根据了解的情况进行整理分析，填写"学科教学工作计划表"，其中包括学情分析（疫情期间学生心理、亲子关系、线上学习状态和作业等情况）、教学内容分析（线上教学进度把握、未教学过的内容梳理、教材版本是否一致等）、亟须解决的问题（学科知识疑难点、学习态度、学习习惯等）、教学措施等内容。如此，教师做了一次相对精准的学情诊断，为学生返校后有针对性地教学提供了依据。

（二）设计复学后的单元整合教学方案

以年级组为单位集体备课。结合教材，针对学情诊断情况，从单元整体上把握教材，处理教材。由于语文学科大多数年级新课已学完，因此，我们从单元整体出发，制定整体复习方案，从整体上进行语文能力的综合训练。我们拟订单元整合复习方案，每个单元一般分五个板块进行复习：字词、句子、阅读、作文和综合展示，每个板块的教学以"任务驱动"推进。复习方案设有"此环节个性化处理"栏目，便于各班任课教师根据所任班级学生的学习情况进行调整，有针对性地引导学生复习。例如，一年级下册第六单元以"夏日之旅"为复习主题，这是本册第四个阅读单元。本单元围绕朗读指导要抓住课文特点进行教学。如《古诗二首》要读出古诗的节奏，并背诵积累；《荷叶圆圆》在读出情趣的基础上，能借助课文句式相近、段落反复的结构特点进行背诵；《要下雨了》要重点关注对话，进行分角色朗读，能读好问和答的语气。本单元描绘出夏天的特点，让我们感受到夏天的美好。其中，古诗描绘了夏天的美景，《荷叶圆圆》表达了夏天的情趣，《要下雨了》通过童话的方式说明了夏天的气象常识。课文编排既有传统文化的渗透，又有儿童情趣的渲染，文章语言优美而充满想象，行文简洁而富有韵律，适合儿童诵读和积累。

本单元的学习重点是联系生活实际了解词语的意思。第三篇课文《要下雨了》中的泡泡提示点明了此要求。教师在教学时要贯穿整个单元的学习，充分调动学生的生活经验，促进学生生活经验与课文内容的有效对接，从而更好地了解词语的意思，读懂课文内容。学生在《荷叶圆圆》中可学习句子的多样表达，练习仿写；积累"荷叶是我的摇篮"这样的比喻句，有能力的学生可以练习仿说。《要下雨了》要进一步体会"呢""呀""吧"等语气词的表达与运用，读好问句和感叹句；同时要重点关注对话，进行分角色朗读，能读好问和答的语气。

学生在学习本单元时，正值新冠疫情防控期间，只能居家学习，学习方式是以听"空中黔课"线上教学为主。从学习效果反馈可知：大多数孩子基本能联系生活实际和运用图文结合的方法了解一些重点词语，能掌握"荷叶圆圆的，绿绿的"和"荷叶是我的摇篮"等句式，并能拓展运用，也能体会"呢""呀""吧"等语气词的表达与运用，读好问句和感叹句。但是，少数孩子对一些重点句式的体会和运用效果不佳，更谈不上能读好对话。由于是居家学习，孩子们缺乏与老师、同学的交流，因此分享阅读中对句式的仿写并迁移运用、体会角色对话的语气更应该成为目前课堂教学的关注点。

整个单元的复习教学分为三个模块。

模块一：字词沙滩。在玩"读词语，捡贝壳"的游戏中识字读词，在线上与线下混合学习中识字写字。本课时采用的是线下教学模式。模块二：美句乐园。背诵《古诗二首》和《荷叶圆圆》，体会夏天的情趣与美好；体会句子的多样表达，积累文中的比喻句，并能对句子进行拓展迁移。模块三：阅读天地。朗读《要下雨了》，再回顾要下雨之前动物们的表现，读好对话并分角色表演。在实际的复习教学中，教师的"全局意识"提高了，能从整体上看待教学、把握教学，取得了很好的复习效果。更为关键的是，学生在单元整合复习中形成了自主学习能力，积攒了学习经验，为终身学习奠定基础。

（三）延续一场线上线下混合式教学

由于特殊时期，时间紧，教学任务重，我们延续了线上与线下混合式教学模式。在语文学科的复习过程中，教师精心设计复习板块，将线上学习与实际课堂教学实现有机整合。例如，一年级语文学科关于"识字与写字"板块，本学期需要认识的生字共400个，要求会写的生字200个。孩子们的居家学习和线上作业情况反馈：在要求会写的200个生字当中，有36个字容易写错，这些字可以分为三类：第一类是书写笔顺易错的字，如"北、义、非、怕、美"等；第二类是书写时要特别注意结构的字，如"吗""包""象""爬"等；第三类是书写时应关注关键笔画的字，如"风""雪""以""没""声""再"等。教师把需要复习巩固的36个生字分类做成写字微课，然后将微课推送到家校联系群，学生放学后在家学习微课视频，根据自己的学习情况再次进行书写练习，提交书写图片。教师根据学生提交的书写作业进行分析，再在随后的课堂教学中有针对性地进行指导。再如，在复习"朗读课文"板块时，在课堂教学中，教师结合教材单元语文要素，以课文为素材指导朗读，让学生在课堂上习得朗读的方法。学生放学回家后完成老师布置的朗读作业，有余力的家长可以对孩子的朗读做评价，这样，既让学生再次熟悉了课文内容，又激发了学生的朗读兴趣，提高了朗读的能力，增强了家长与孩子一起学习的参与意识，促使家校教育形成合力。

在线上线下混合式教学中，我们着力做到整体建构、整体设计教学、着眼于学生整体的学习过程进行指导。我们所做的教学工作，紧紧围绕学生，基于学情展开，真正做到"因材施教，因时施教"，努力实现让学生站在教学舞台的正中央，让复习真正有收获。

参考文献

［1］周一贯."学情"：不该遗忘的教学资源［J］.中国小学语文教学论坛：全国小语会会刊，2003（6）：13-14.

［2］程胜.如何做学情分析［M］.上海：华东师范大学出版社，2014.

［3］曹爱卫.低年级语文这样教［M］.上海：上海教育出版社，2018.

［4］薛法根.为言语智能而教：薛法根与语文组块教学［M］.北京：教育科学出版社，2014.

《海滨小城》（第二课时）教学设计

【年级】

统编版小学语文三年级上册。

【教材分析】

（一）课文概述

"祖国，我爱你。我爱你每一寸土地，我爱你壮美的山河。"这是统编版小学语文教材三年级上册第六单元的人文导语，包含着对祖国的赞美与深情，配合表现壮美景色的插图，能引发学生强烈的爱国情感。围绕"祖国河山"这一主题，本单元编排了四篇课文，有描写山水美景的古诗《望天门山》《饮湖上初晴后雨》和《望洞庭》，有表现海疆风景优美、物产丰富的《富饶的西沙群岛》，有描绘南国美丽风光的《海滨小城》，还有展现北国四季迷人景色的《美丽的小兴安岭》，旨在让学生领略祖国各地美丽的风光，激发学生热爱祖国大好河山的思想感情。

《海滨小城》主要描写了海滨小城的美丽景色，语言清晰，字里行间流露出作者对小城的热爱之情。全文共有7个自然段，第1~6自然段主要写了海上、海滩、庭院、公园、街道5个场景；第7自然段点出了海滨小城的主要特点是"美丽"和"整洁"；第4~6自然段都是围绕关键句写的。课文配有一幅插图——民居错落在绿树之中，红日衬托着蓝天岛屿，海中点缀着来往的各色船只，蓝天下飞翔着海鸥，很好地表现了课文描绘的美景，既能为没到过海边的学生提供直观的感受，又能帮助学生感受海滨小城的迷人风光。此外，课文的用词丰富、句式多样，很有特色，为学生积累喜欢的句子提供了很好的语言材料。

（二）要素解析

"借助关键语句理解一段话的意思"是本单元的语文要素。《富饶的西沙群岛》在文中以泡泡的形式提示学生关注关键语句，《海滨小城》的课后题引导学生从段落中找出关键语句，语文园地中的"交流平台"重点讨论、梳理关键语句在段落中的位置及关键语句的作用，"词句段运用"安排了围绕一个句子说一段话的练习。从起初的"关注"到"找出"，然后到"体会作用"，最终是为了"帮助理解一段话的意思"，这是指向阅读的要求。而本单元的习作要求是："写的时候，试着运用从课文中学到的方法，围绕一个意思写。"这是"借助关键语句理解一段话的意思"这一阅读方法在习作中的运用，形成了由读到写的学习路径。可见，本单元的习作与阅读教学关联非常紧密。因此，在课文教学的过程中，教师要帮助学生领悟表达方法，相机指导学生表达，为学生的习作表达奠定基础。

（三）目标定位

1. 识字写字

本课的识字教学可以分两步进行：一是集中识字、重点指导，如教学"胳"，可以先让学生回忆"肚、腿、脚"等月字旁的字，再类推到"胳"；二是随文教学生字，结合图片认读、拓展词语巩固、在语境中理解等。本课要写的字，大多数是左右结构、上下结构和半包围结构，重点指导的是左右结构中有笔画变形的字和易错的字。

2. 指导朗读

读，是理解的基础。本文主要描写了海滨小城的美丽景色，语言清晰，字里行间流露出作者对小城的热爱之情。教学时，教师要引导学生通过朗读来感受作者要抒发的情感。例如，第二自然段可以让学生先通过颜色体会朝阳在海上的美景，体会语句描写生动的特点，用活泼的语调、稍快的速度练习朗读。再如，"海滩"这一场景的教学，教师在指导朗读时，要引导学生注意语速、语气，读出安静与热闹两种不同的状态。另外，在指导朗读的过程中，教师尤其要引导学生边读边想象画面，有身临其境之感，从而促进理解，读完后能说出课文主要描写的景物及其样子。

3. 借助关键语句理解一段话的意思

《义务教育语文课程标准（2022年版）》提出"体会课文中关键词句表情达意的作用"。统编版小学语文教材在二年级上册第六单元围绕这个训练点已有所铺垫，要求借助词句了解课文内容，练习讲述故事。本单元的语文要素是借助关键词句理解一段话的意思，到了三年级下册第四单元是"借助关键语句概括一段话的意思"。可见，"借助关键语句理解"是段落学习的有效途径和方法。因此，在教学本课时，教师要注意"瞻前顾后"，在学生原有认知的基础上进行教学，通过朗读、圈画、边读边想象等方法找出关键词句，借助关键词句理解一段话的意思，注重让学生在语言实践中习得阅读方法、提升阅读能力。

4. 积累语句

本册第一单元的语文要素是"阅读时关注有新鲜感的词语和句子"。本单元积累的是自己认为写得好的句子，为下一单元（第七单元）"感受课文生动的语言，积累喜欢的语句"做铺垫。本课课后第三题安排了摘抄、交流的内容，旨在培养学生在阅读时关注表达有特点的句子的意识，养成主动积累的好习惯。教师在教学时组织学生交流：你最喜欢哪些句子？为什么？学生在交流后，摘抄自己喜欢的句子，注意格式。

【学情分析】

本课是第六单元的第二篇课文，文章结构和《富饶的西沙群岛》相似，但是根据实际教学进度，不一定能在前一课学习的基础上进行教学，"借助关键语句概括一段话的意思"还属于初步认知阶段，需要教师在原有认知的基础上进行教学。虽然本文语言清晰，字里行间流露出作者对小城的热爱，但是学生的生活环境远离大海，加之三年级学生受年龄的限制，抽象思维能力比较薄弱，不容易理解文中的一些词语和句子，需要教师在教学时运用创设情境、利用文中插图等方法帮助学生感受海滨小城的迷人风光。

【教学目标】

第一课时：

（1）认识"滨、鸥"等11个生字，读准多音字"臂"，会写"滨、灰"等13个字，会写"海滨、街道"等19个词语。

（2）能正确、流利地朗读课文，能说出课文写了哪几个场景。

（3）通过描写景物的词句，体会海上、海滩两个场景的美丽。

第二课时：

（1）能找出第4～6自然段的关键词句，借助关键词句理解段落的意思。

（2）能摘抄自己认为写得好的句子，并与同学交流。

（3）通过学习，感受祖国山河的壮丽，激发热爱祖国的思想感情。

【教学重难点】

教学重点：能找出第4～6自然段的关键词句，借助关键词句理解段落的意思，并在语言实践中加以运用。

教学难点：感受祖国山河的壮丽，激发热爱祖国的思想感情。

【教学准备】

学生完成"预习单"，教师制作"教学课件"。

【教学过程】

（一）第一课时教学过程

1. 情境导入，激发兴趣

创设"旅游"的情境，从课题入手，激发学生阅读兴趣。

2. 识记生字，指导写字

认读生字词，重点指导左右结构中有笔画变形的字和易错的字。

3. 初读课文，厘清脉络

自由读文，交流课文写了哪几个场景，从而整体把握课文内容，厘清文章结构。

4. 品味词句，体会美丽

通过品读描写色彩的词语，体会海上的绚丽多彩；在对比阅读中感受海滩的美丽。

（二）第二课时教学过程

1. 整体回顾，走进文本

读词语，通过猜想引入，梳理课文脉络，走进文本。

设计意图：由生活到课文，循序渐进，走进文本，回顾第一课时的学习收获。

2. 理解段落，体会美丽

（1）聚焦第4自然段，学习阅读方法。

① 听老师朗读课文第4自然段，思考本段描写了哪些景物？用笔圈出来。

② 自由读文段，边读边想象画面，你仿佛看到了什么？

③ 找出关键语句："小城里每一个庭院都栽了很多树。"这句话总写小城的树木数量多，后面的内容都是围绕这句话来写的。

④ 小结学习方法。

（2）自主学习课文第5～6自然段。

① 明确任务：分组学习"公园""街道"两个场景。

② 自主学习，独立思考。

③ 交流学习收获。

（3）合作学习，实践运用。

① 明确学习要求。

② 拓展阅读3个文段，完成学习单上的内容。

③ 交流展示学习成果。

设计意图：此环节重在落实"借助关键语句概括一段话的意思"这一教学目标，遵循在学生原有认知的基础上进行教学的原则，让学生通过朗读、圈画、边读边想象等方法找出关键词句，借助关键词句理解一段话的意思。学生通过第4自然段的学习找到阅读段落的"钥匙"，习得方法后，自主学习第5～6自然段。本环节注重让学生在语言实践中巩固运用阅读方法，在"在游泳中学会游泳"，逐步提升阅读能力。

3. 练习表达，促进写作

（1）观察图片：春天的花园、课间的校园，交流"特点"。

（2）用下面的句子作为开头或结尾，试着说一段话。

①花园里的花可真多……

②课间的校园真热闹啊！

设计意图：本单元的习作要求是"写的时候，试着运用从课文中学到的方法，围绕一个意思写"。这是"借助关键语句概括一段话的意思"这一阅读方法在习作中的运用，形成了由读到写的学习路径。因此，此环节的教学旨在帮助学生领悟表达方法，相机指导学生表达，为本单元的习作表达奠定基础。

4.朗读交流，积累语句

（1）交流：你最喜欢哪些句子？为什么？

（2）范例展示，重点指导书写格式。

设计意图：本册第一单元要求阅读时关注有新鲜感的词语和句子，本单元积累的是自己认为写得好的句子。此环节旨在培养学生在阅读时关注表达有特点的句子的意识，为下一单元（第七单元）"感受课文生动的语言，积累喜欢的语句"做铺垫，形成主动积累的好习惯。

5.统整文本，升华情感

（1）学习第7自然段，统整文本。

（2）拓宽视野，升华情感。

设计意图：统整文本内容，体会作者对家乡的热爱和赞美；领略祖国各地美丽的风光，激发学生热爱祖国大好河山的思想感情。

【板书设计】

注：此课例荣获贵州省第七届小学语文优质课（阅读教学课型）评选观摩交流活动一等奖。

《总也倒不了的老屋》（第一课时）教学设计

【年级】

统编版小学语文三年级上册。

【教材分析】

本文是一篇童话，讲述了老屋与小猫、老母鸡、小蜘蛛之间的故事。课文用反复的手法推进情节的发展，每一个片段都是老屋准备倒下，然后小猫、老母鸡、小蜘蛛请求老屋不要倒下，接着是它们陈述老屋不要倒下的理由，以及老屋无一例外地答应了它们的请求，最后是小猫、老母鸡、小蜘蛛都得到了老屋的帮助，满足了各自的心愿。

本文题目新奇，"总也倒不了"与"老屋"之间形成了想象的空间，为学生提供了预测的可能性："老屋"为什么"总也倒不了"？究竟会发生什么？文中各部分情节的相似性为学生预测故事的发展提供了方法上的指引：接下来的发展是和前面的一样，还是有变化？文中老屋和小动物的语言、动作和心理等细节的描写也具有相似性，为学生的预测提供了凭借。比如，老屋反复说"我到了倒下的时候了"，接下来的情节里会不会依旧重复这句话呢？又如，一再有小动物请求老屋帮助，会不会还有其他小动物也有类似的请求呢？故事的结尾出人意料，也为阅读和预测增添了乐趣。

【学情分析】

刚步入三年级的学生有着强烈的好奇心和求知欲。对"猜测"，学生并不陌生，之前的语文学习经历中就有很多次的猜想训练。本单元在此基础上需要学习的是：学习预测的方法，并在今后的阅读过程中熟练运用，为走向有思考的阅读打基础。

【教学目标】

1. 尝试一边读一边预测，知道可以根据题目、插图和故事内容里的一些线索进行猜想和推测，初步感受预测的乐趣。

2. 知道预测的内容跟故事的实际内容可能一样，也可能不一样。

3. 初步感受老屋乐于助人的形象。

【教学过程】

（一）了解学情，初识预测

1. 了解学情

（1）哪些同学已经读过这个故事了？

（2）提出学习要求。

2. 揭示课题，初试根据题目预测

（1）读题目。

（2）看到"老屋"这个词，你眼前仿佛出现了一幢怎样的房屋？

（3）老屋为什么总也倒不了呢？（根据文章题目预测）

（4）唤醒预测意识。

3. 初识旁批，体会作用

（1）介绍学习小伙伴。

（2）认识旁批。

设计意图：虽然教师没有建议过预习，但是有的学生已经提前阅读过课文。为确保教学过程的真实、自然，教师首先要准确掌握学情，并做出相应的策略调整；其次利用题目的"老屋"激活学生想象，根据"老屋"与"总也倒不了"之间形成的语言张力，激发学生的预测热情，唤醒预测意识；最后引导学生关注旁批，激发结合旁批阅读的欲望。

（二）边读边想，尝试预测

1. 读第一个故事，学习根据插图预测

（1）师读第1自然段，体会老屋的心境。

（2）师生合作朗读，走进故事情境。

①正当老屋准备倒下的时候，发生了什么事呢？

②这小小的声音是谁发出的？它需要做什么？请求老屋怎样？

③你认为老屋会答应吗？为什么？（请用我预测的是……因为……来回答）

④乐乐小朋友的预测是什么呢？（播放）你们认为乐乐是根据什么来预测的？（贴：插图）

⑤学生合作读，验证预测。

2. 学习第二个故事，知道预测的内容可以与实际内容不一样

（1）指名读第7自然段，问：它需要做什么？请求老屋怎样？

（2）如果你是老屋，这次你会答应吗？为什么？

（3）学习小伙伴乐乐是怎样想的？

（4）生自由读，验证预测。

（5）老屋帮助了老母鸡，它又说了什么？读到这句话，你会想到什么？

设计意图：利用童话故事以反复手法推动故事发展的特点，适时中断阅读，引导学生尝试一边读一边预测，激发阅读兴趣。结合旁批，通过比较，初步感知可以在什么地方预测，为什么这么预测，逐步指导学生学会预测的一些基本方法。

（三）拓展运用，体会乐趣

1. 关注课文标注

（1）其实，这个故事的原文中还有其他动物来请求老屋帮助，教材在选编课文时将部分内容删减了。所以，语文教材第46页右下角标注："本文作者慈琪，选作课文时有改动。"

（2）到底原文中写的是谁需要做什么？请求老屋站多久？老屋会答应吗？

2. 同桌讨论

（1）出示问题。

（2）同桌一起来进行预测。

3. 对比原文，肯定预测

（1）想知道原文是什么吗？来啦！请看屏幕默读。

（2）生边讲边板贴。

设计意图：引导学生大胆猜测，意在启发学生进一步感受课文中的一些线索，同时也可以帮助学生预测；再与原文作比较，明确故事的内容可能与实际内容一样，也可能不一样，引导学生对预测的特点有进一步的认识，体会预测的快乐，培养预测思维能力。

（四）畅读结局，交流印象

1. 剧透故事情节，激发兴趣

（1）咱们班读过这个故事的同学剧透一下，接下来是谁来了？

（2）自由读教材第48页内容。

（3）故事里的哪些内容出乎你的意料？

（4）齐读最后一个自然段，体会老屋的心情。

（5）作者写这个故事是要告诉我们什么呢？

2. 体会形象，联结生活

（1）老屋给你留下了什么样的印象呢？（板书）

（2）你发现生活中有没有这样的人？

设计意图：故事的结尾与之前的两个情节相比较，结构类似，有反复，也有变化。利用变化，引导学生感受预测的乐趣，体会童话故事结尾的魅力。

（五）情境总结，回归单元

（1）把这个故事讲给你的好朋友听吧！

（2）讲这个故事的时候你想在哪儿停一停让朋友进行预测？

（3）如果你的朋友不懂得怎样预测，你会建议他用上哪些方法？

（4）回归单元页，引导学生关注单元导语和语文要素。

设计意图：在"给好朋友讲故事"的情境中，学生自然而然地运用所学进行交流，回顾总结学习收获。回到单元页，关注单元导语和语文要素，引导学生整体感知本单元的学习要求，既是本节课的学习小结，又为学习本单元的其他内容做了铺垫。

【板书设计】

总也倒不了的老屋

副板书：　　　　　　主板书：

	题目	小猫	老母鸡	？	小蜘蛛
预测	插图	睡觉	孵蛋	？	抓虫
	内容	一个晚上	二十几天	很久	直到现在

注：此课例为笔者在县级教师发展中心挂牌仪式上执教示范课。

《荷叶圆圆》教学设计

【年级】

统编版小学语文一年级下册。

【教材分析】

《荷叶圆圆》是一篇优美的散文诗，语言优美，想象丰富。文中圆圆的、绿绿的荷叶成了小水珠的摇篮、小蜻蜓的停机坪、小青蛙的歌台、小鱼儿的凉伞。全文字里行间都洋溢着童真童趣，让读者感受到夏天的美好。

本文在表达上也很有特点。第1自然段"荷叶圆圆的，绿绿的"，既符合学生的语言习惯，又能让学生感受到句式表达的多样性。课文第2～5自然段结构相似，句式相同，分别通过小水珠、小蜻蜓、小青蛙和小鱼儿说"荷叶是我的（　　　）"这样的比喻句，让我们了解荷叶的样子和作用，然后写小动物们在荷叶下做什么，让我们看到荷叶下生动的画面，语言表达也富有节奏感。

本课的插图色彩明丽，情节性强，与课文的内容相映成趣。整篇课文诗中有画，画中有美，美中有情，有些画面还能帮助学生理解一些平时不易观察到的现象，如蜻蜓如何"立"在荷叶上，小水珠如何惬意地"躺"在荷叶上，等等。

【学情分析】

课标指出，语文课程应该让学生在发展语言能力的同时发展思维能力，激发想象力和创造潜能。而本文为学生提供了生动的语言样本，教学时可以让学生模仿、想象并创造性地运用。一年级是小学的起始阶段，因此，在语文课堂上，教师更应该注重启发学生的思维，规范学生的表达。读好课文，读懂课文，了解故事，生发感受，浸润于文学的魅力之中，培植文化与审美意识，这些都是"基础工程"，应当在"阅读课"中予以保证。因此，本课教学目标指向让学生在文本语言环境中学习生字新词，在拓展想象中习得言语表达，在美读中积累语言。

当前，面对新冠疫情带来的严峻挑战，我国教育部做出了2020年春季学期延期开学的决定，这意味着学生主要以线上的方式开展学习活动。根据低年级学生身心发展的特点，为了激发学生积极主动地参与学习，确保教学质量，本次教学以线上与线下"混合式教学"的模式开展。

【教学课时】

本课教学分六个板块完成。

【教学目标】

1. 认识"珠、摇"等12个生字和"身字旁"1个偏旁，会写"亮、美"等7个字。

2. 能借助插图、联系生活实际了解"停机坪、摇篮、透明"等词语的意思，通过做动作知道"躺、展开"等词语的意思。

3. 能有感情地朗读课文，背诵课文，感受夏天的美好。

4. 学习并仿照"荷叶圆圆的，绿绿的"的句式说话。

【教学重难点】

教学重点：能借助插图、联系生活实际了解"停机坪、摇篮、透明"等词语的意思，通过做动作知道"躺、展开"等词语的意思，能有感情地朗读课文。

教学难点：背诵课文，感受夏天的美好；学习并仿照"荷叶圆圆的，绿绿的"的句式说话。

【教学准备】

录制写字微课（知识胶囊），制作教学PPT。

【**教学过程**】

板块一：预习（线下学习）

一读：借助汉语拼音自读课文，读准字音，读通句子。

二标：用阿拉伯数字标出本课的段序。

三圈：圈出本课要求会写、会认的生字。

四问：围绕课文内容，提出自己想知道的问题并提交到"班级优化大师"平台。

板块二：梳理文脉，学习第1～2自然段（线上学习）

1.认识童话作家，整体感知课文

（1）认识作家胡木仁，了解其作品。

（2）听老师范读，整体感知文本。

设计意图： 从认识作家、感知经典入手，从小培养学生阅读经典作品时关注作家、了解作家的意识。

2.关注叠词的使用，发现多样表达

（1）认识叠词。

①圆圆的。

②绿绿的。

（2）体会多样表达。

①读第1自然段。

②句式练说。

荷叶圆圆的，绿绿的。（圆圆的、绿绿的荷叶）

苹果……的。

香蕉……的。

……

设计意图： 此环节旨在引导学生发现叠词起强调的作用，一句话可以有多样的表达，进而读出对荷叶的喜爱之情。结合课后练习，指导学生学会运用这样的句式表达，强化语言文字的运用。

3. 集中学习生字，认识新偏旁

（1）联系生活认识"摇篮""停机坪"等词。

（2）结合课文情境认识"展开""透明""翅膀"等词。

（3）认识新偏旁"身字旁"，识一字带一类。

设计意图：在整个低段语文教学中，识字写字教学有着举足轻重的地位和作用，识字的多少、快慢直接关系到孩子们读写能力的高低。此环节实现线上生生互动、师生互动，采用集中识字的方式，引导学生在具体的语境中借助插图、联系生活实际识字，通过做动作理解词语的意思。

4. 通读全文内容，梳理文本脉络

（1）通读全文，读准字音。（连麦指名朗读）

（2）整体感知，提取信息。

（3）接龙游戏：逐段朗读，适时正音。

（4）完成连线，梳理脉络。（授权操作）

设计意图：扫清生字障碍，正确、流利地朗读课文是一年级阅读教学的重点。引导学生在初读时提取文本重要信息，培养学生的阅读能力。

板块三：学习文本第2～5自然段（线上学习）

1. 学习第2自然段

（1）连麦指名读第2自然段。

（2）圈出表示小水珠动作的词语，引导学生图文结合、联系生活实际展开想象，理解"摇篮""躺"的表达作用，体会小水珠"躺"在"摇篮里""眨着亮晶晶的眼睛"的愉悦心情。

（3）再读，注意读好小水珠说的话，强调小水珠的动作，引导学生边读边表演。

（4）填空：荷叶是（　　）的（　　）的，（　　）（　　）在荷叶上，（　　）。

设计意图："摇篮""躺""眨着亮晶晶的眼睛"这些语词的运用既符合课文的情境，又符合小水珠的特点，准确生动，富有形象感，值得学生学习积累。在教学此环节时，教师没有过多讲解，更多的是引导学生图文结合、联系生活实际展开想象，并在此基础上表演读，体会小水珠的快乐心情。

2. 自主学习第3～5自然段

（1）回顾学习第2自然段的方法：读—圈—表演读—填空。

（2）自主学习第3～5自然段。

（3）指名朗读，出示填空，检测自学效果。

（4）指导学生运用多种方式背诵。

设计意图： 遵循在学生原有认知的基础上进行教学的原则，旨在通过朗读、圈画、图文结合、边读边想象、表演等方法理解词语的意思，体会小动物们愉悦的心情，感受夏天的美好。学生通过第2自然段的学习找到学习的"钥匙"，习得方法后，自主学习第3～5自然段，在语言实践中巩固运用阅读方法，锻炼阅读能力。

板块四：学习写字（看微课自主学习）

1. 读一读

（1）带拼音读。

（2）去掉拼音读，再组词。

2. 分一分

把生字分为两类：含有"几"的3个生字和不含"几"的4个生字。

3. 看一看

一看部首，二看占格，三看关键笔画。

4. 想一想

（1）回忆书写规则。

（2）提示学习伙伴书写生字的笔顺。

5. 写一写

（1）观察老师示范书写。

（2）自己练写：描一遍，写两遍。写前注意坐姿和握笔姿势。

6. 用一用

根据语境和拼音提示填空。

板块五：线上反馈，展示风采

（1）评选"书写之星"。

（2）评选"背诵小达人"。

板块六：实践活动——创作我能行（线下完成）

（1）还有哪些小伙伴也会来到荷叶上或荷叶下呢？想一想，说一说。

（2）画一幅题为"荷叶是我的……"的图画，在旁边配上文字。（复学返校后在班上展示）

注：此课例为2020年疫情期间线上线下混合式教学设计。

第三章

略读课文：运用方法

　　在阅读教学中，教师引导学生尝试运用阅读方法，这样，教师指导少了，学生自主阅读的时间多了、空间更大了。教师以任务驱动为抓手，将解决问题作为中心，培养学生阅读能力。阅读课文的教学是搭建课内阅读到课外阅读的桥梁。我们根据略读课文的功能和特点，着力引导学生把从精读课文中学到的阅读方法用于指导自己的阅读实践，培养学生独立阅读能力和阅读思维。

略读课文教学的意义

当前小学语文教材中包含精读与略读两类课文，为着重提高略读课文与精读课文的区分度，在统编版小学语文教材的目录页中，所有略读课文的课题前均有一个*号，目录的最下方也有标注带*号的是略读课文的脚注字样，每一篇略读课文前，也再次出现了*号标志。此外，统编版教材的略读课文的课题与课文之间设有"学习提示"，不设置要求会写的字和课后习题。温儒敏教授表示：精读课文强调教师教，讲得精细；略读课文侧重于学生读，将精读课文学到的经验运用于自主性阅读实践中。语文教材收录的略读课文数量随着年级的升高而变多，文章类型随着年级升高而逐渐丰富，文章内涵也随着年级升高而逐渐深奥。这主要是由于年级高的小学生积累了更多的语文知识，能实现自主阅读。相比于精读，略读更看重学生的自主理解，帮助学生开阔视野，不过分强调对优美词句的分析。一般来说，略读课文都放在精读课文之后，以便于学生自主理解。统编版小学语文教材每个单元围绕一个主题编排，每个主题下都有精读和略读课文，以方便学生学以致用。教师需要做的是探究主题与实际生活之间的联系，以便加深学生对文章主旨的理解。通过精读课文，学生可以掌握阅读技巧，而略读课文则给学生提供了自主灵活地运用阅读技巧的机会。教师也需要根据略读课文的特点来选择相匹配的教学手段，以高效利用略读课文，培养学生略读课文的能力，提高学生的综合阅读理解能力。

一、略读课文教学为学生的阅读实践运用搭建平台

我们已经知道，无论是"前精后略"式，还是"精略交叉"式，精读课文一般安排在略读课文之前，强调的主要是新的语文知识与新的阅读技巧学习或

能力提升，教师对精读课文的处理是"精耕细作"，字、词、句、段、篇的讲解力求雨露均沾，因而精读课文对学生而言是提供阅读之"法"，而略读课文强调教师的"抽身放手"和学生的"用法迁移"。通过略读课文的教学，学生能巩固、运用与迁移已有阅读的经验与方法，自主进行实践操作，并最终内化为良好的阅读能力。

二、略读课文教学是由精读到课外阅读的桥梁

略读课文教学有利于实现课内阅读向课外阅读过渡。在略读课文的教学中，学生更能巩固、运用与迁移已有阅读的经验与方法，自主进行实践操作，并最终促进阅读能力的提高。在《略读指导举隅》中，叶圣陶先生曾有言："如只重视精读忽略略读，只是做对了一半的功夫，学生遇到其他阅读材料，可能会因身旁没有教师的精细指导而犯难。"可见，略读课文教学的重要性不言而喻，即有利于学生课内非独立阅读过渡到完全自主的课外阅读。

精读课文与略读课文是教材课内阅读教学的主体，虽然在教师的"教"与学生的"学"方面的侧重点有差异，但两类课型都为阅读教学总的课程目标而服务。课外阅读由学生在课后自主进行，与略读课文的相似之处在于阅读主体都是学生，阅读目的都是强调学生自主阅读和个性化的阅读体验。不同之处在于略读课文本质上归属于课内阅读体系，兼具学生的自主发挥与教师的适当引导，略读课文教学是使学生由精读到课外阅读的桥梁，教材中略读课文的编排起到过渡作用，通过这一课型的教学，教师由"扶"到"放"，学生逐渐养成独立的阅读能力，以不断地提升语文核心素养。

略读课文教学的注意事项

一、略读课文的教学目的是培养学生独立阅读的能力

在阅读过程中，学生对略读课文的理解程度要低于精读课文，略读课文只要求学生在阅读当中快速抓住文章的重点、难点，而不要求学生逐字逐句解析。教师在设置略读课文的教学目标时，应当想方设法去提高学生的阅读能力，使学生掌握良好的阅读方法。

关于阅读教学，众说纷纭，有人将其分成两步进行教学，分别是独立思考、交流讨论；有人将其分成四个步骤，分别是对目标进行简化、采用粗放的结构、做好活化教学、拓展教学目标。从这些方面出发，教师能获得理想的教学效果。简化目标环节当中主要是采用一对一的方式简化目标，需要从文章的特点、学生的实际情况以及单元的具体要求出发，针对一些粗化结构环节，根据略读教学的精髓，重新整理教学的组织框架，明白且清楚地提出文章中的内容及使个人获得独特感受之处。活化教学的出现，是当前阅读教学的难点，也是重点。略读课文能为学生提供更多自主阅读的机会，选用不同的阅读教学方式，在一定程度上影响学生的阅读效果。在略读课文教学中，教师在拓展阶段尤其要注重提高学生的知识掌握能力与综合能力，让学生通过读写结合、查阅资料、图文结合等一系列方式提高自身的综合素质。

二、略读课文教学需要遵循的基本原则

略读课文教学归属阅读教学，但在教学功能和教学定义方面，略读教学存在特殊性。教师需要从略读课文的特点出发，遵循下述三个方面的原则。

（一）培养良好的阅读习惯是前提

在开展略读教学时，教师应当明确了解略读与精读密不可分的关系，两种阅读方式对学生而言缺一不可。学生在阅读时需经历多个过程，其中一个重要的过程就是从精读逐渐转变到略读的过程，就如同孩子学步一般，小孩子最开始需要由大人扶助，随后大人尝试慢慢放开自己的手，只是在旁保护，避免其走不稳而摔倒。无论是手把手小心呵护，还是在旁默默保护，最主要的目的都是希望小孩子能很快学会自己走路，且做到步履纯熟。在精读教学中，教师主要指导学生学习方法，给学生起到的是扶助作用，而略读教学则是教师引导学生自己走路。不论是精读教学，还是略读教学，都是为了帮助学生日后具备更好的独立阅读能力。在学习活动中，教师作为学生的引导者、组织者，应充分尊重学生的主体地位，并以此作为略读课文教学中的一个基本出发点。略读课文教学需要学生自主投入，主动参与学习活动，教师应注重引导，使学生转变心态，积极主动地投入略读学习当中，培养良好的略读习惯，使阅读能力得到提升。

（二）激发浓厚的阅读兴趣是关键

不同的阅读方式，能帮助学生对信息进行不同的处理。当前，阅读作为考核的一个要点，往往与考试分数挂钩，这就会导致很多阅读行为都朝着功利化和机械化方向发展，使学生的阅读兴趣在这一过程中不断被削弱。兴趣才是学生最好的老师。所以，只有激发学生的阅读兴趣，才能使学生得到全面的发展。为了帮助学生更好地进行略读，教师可以不断尝试选择将更好的阅读方法与技能教给学生，使学生快速地捕捉自己感兴趣的信息，充分感受阅读的乐趣。

（三）尊重文本内在关联是重点

一本教材就好比一个完善的系统，是由多个部分所整合而成的有机整体，其中包括了各个年龄段学生对学习的需求。任何学科知识都有其自身的整体性和系统性，语文学科知识作为学生接触与学习其他学科的基础，对其展开学习是确保各个学科教学顺利进行的基本动力。略读课文的出现，就能通过补充拓展的方式扩大学生的知识面和提高学生的阅读技巧。略读课文并不是去呈现某个知识点，而是切合主题，为学生提供信息资料，启发学生拓宽阅读视野，进而开展阅读活动的实践。因此，教师需要单元整体构课，做好单元阅读教学工作，充分提高学生对知识的掌握能力。

略读教学过程中存在的问题

一、教师对略读课文存在认知偏差

（一）将略读课文当作精读课文对待

很多语文教师对略读课文存在认知偏差，甚至将略读课文当作精读课文对待，这就导致教师在教授两类课文时不能区别对待，针对性较差。部分教师没有掌握略读教学的关键，依旧按照精读课文教学的方法来完成课堂任务，依旧从字词句赏析、文章结构等角度开展教学，这就导致略读课文与精读课文没有差别，丧失了教材中收录略读课文的价值。实际上，精读课文主要是起到引导学生学习文章结构、感悟文章内涵及掌握阅读方法的作用，而略读课文则主要是让学生运用阅读技巧和方法。但是，当前由于有些小学语文试卷上会考查略读课文的相关知识点，教师受应试思维的影响，为了让学生尽可能取得高分而选择不放过任何一个知识点，倾向于将略读课文当作精读课文对待。而且由于存在着带领学生学习才能让学生学到更多的知识而学生独自学习效果不佳的认知偏差，教师更愿意在课堂上多讲，留给学生自主阅读、分析课文的时间变少，教师习惯性地带领学生分析解读文章，导致学生自主品味优美文段的机会变少。

（二）简化略读课文教学

很多教师认为略读课文就相当于选读文章，因此为了追赶教学进度、节约教学时间等，部分教师会选择让学生课下自行阅读略读课文而不在课堂上共同学习。但实际上教师对待略读课文的态度会影响学生阅读略读课文的质量，教师的认知偏差会让学生认为略读课文并不重要而敷衍地完成课后阅读任务。

二、教师制定的略读课文教学目标不够精准

（一）对所教授班级学生的阅读能力了解不充分

一切教学活动都要以学生的实际学习情况为基础开展，但是实际上教师在制定略读课文的教学目标和设计教学环节时仅从课文角度出发思考，并未考虑学生的实际语文学习情况和阅读能力。产生这一问题的原因在于教师并未真正了解学生的学习情况。虽然教师也知道学生的学习情况是教学设计的指南针，但是在实际教学过程中，受教学时间、精力等的限制，教师在了解学生实际学习情况时覆盖面不够、了解层次较浅，导致对学生学习情况的了解较为片面和表面化，并没有做到对全班学生学情深入地、有针对性地分析。

（二）对略读课文的研读程度不够

教师在备课时过分依赖教师用书，甚至照搬教师用书中设计的教学目标，并没有考虑学生的实际学习情况、自身教学能力和教学资源，没有形成对略读课文的个性化解读和差异化教学策略。通过多种渠道的调查发现，产生这一问题的原因大多在于教师的备课时间较短，教师为了完成教学任务而选择走捷径，而且教师没有过多的精力关注学生的语文阅读能力的变化情况，所以很难开展有针对性的教学。

三、教师对教材内容重点的把握不够充分

（一）对阅读内容难以"取舍"，宁可一贯选择精读

无论是语文教材中推荐的略读课文，还是常见的课后读物，大都出自优秀的作家之手，在情感态度、遣词造句、文章结构、故事内容等方面都具有较高的质量。对学生来说，其中适合他们阅读的文章数量不少，对这些文章的反复精读是出于学生本身的兴趣爱好。而对教师来说，对这些优秀文章进行精读是一贯的教学选择，将优秀的文章用于略读似乎有些浪费，因此教师更愿意让学生进行精读。但实际上，对所有的优秀文章进行精读太过耗费精力和时间，在一处风景停留太久，学生可能会错过更多不同类型的美景。略读实际上更注重学生初次阅读的直观感受和体验，以一种潜移默化的方式影响学生的文学素养，而不是依靠反复诵读下的死记硬背和刻意模仿。

（二）缺乏整体意识，缺少对整个单元的构想

语文教材是由多个单元组合而成的，每个单元都有特定主题，部分教师在实际授课过程中往往按照自身经验授课，缺少对整个单元主题的宏观性把握，未能从单元整体出发进行教学设计，未能理解教材编排者的用意。实际上，教材编排者在设计教材时采取精读文章在前略读文章在后的形式是有一定编排意图的，编排者希望教师可以引导学生实现对阅读技巧的应用，通过对精读课文的学习掌握某一主题的风格、阅读技巧等，让学生学以致用，在略读课文中实现知识的迁移与应用。

四、教师对略读教学策略研究不够深入

随着教学时间的增长，教师对每一篇课文都是反复阅读、反复备课，无论对学生来说是精读还是略读，对教师来说都是精读，随便选择一篇文章，文章中的每一段、每一句，对准备充分的教师来说都十分重要，并且值得详细展开"好好地讲讲"的。出现这种状况的一大原因就是略读教学方法的不足。首先，在没有教材的提示下，教师不能在课外优秀文本中筛选出合适的略读文章，没有是否适合略读的评价方法和标准。其次，教师不知道略读教学如何备课、怎样设计教学环节和内容、如何发挥学生的略读主体作用，同时保证略读质量等。这些问题的出现，很大程度上在于教师没有掌握足够的、正确的略读教学方法。

五、阅读教学受到应试教育的影响

当前小学语文教学受到应试教育的严重影响，很多教师在进行阅读教学时，首先考虑到的是对学生考试的帮助。对教师来说，略读的任何一篇文章都有可能是考试的考点，出于对学生考试成绩的顾虑，教师就不敢轻易地尝试略读。同时，相比于精读教学过程中教师每一项重点、考点的反复强调，每一种方法和技巧的反复练习，每一篇重点文章和片段的反复背诵、提问、默写和赏析，学生在略读过程中的能力提升和知识获得并不能让教师放心，相比于学生的自主学习活动，教师更认可在精读环境下学生对知识的掌握，也更相信精读能帮助学生更好地应对考试。

基于学情，探索策略

在大量的小学语文略读教学实践中，我们坚持在课前做学情分析，基于学情，积极探索有效的教学策略。

一、形成对略读课文的正确认识

针对教师以及学生对略读课文忽视的问题，要提高小学语文阅读教学效率，首先要使教师和学生形成对略读课文的正确认识，充分了解略读课文教学的价值。略读课文既不能像精读课文那样投入大量的教学时间和精力，也不能完全撒手不管，让学生漫无目的、没有头绪地进行阅读，甚至学生读不读都行。这两种对略读课文的极端认识都是错误的，会严重限制略读课文价值的发挥，影响学生知识与技能体系的全面发展。

只有在明确略读教学对小学语文阅读教学的价值和意义后，教师才能根据其价值进行教学目标和教学内容的设计，同时明确不同的略读课文具体的价值和作用是不同的，针对每一篇课文设置不同的教学目标，使学生在进行略读时厘清头绪，不再毫无目的地阅读，从而自觉地应用合适的阅读技巧和方法。略读这一概念给人的感觉可能是笼统的、大概的、近似的，但在其教学目标的设置上一定要尽可能地明确，具有相当的可操作性和实用性，才能进一步引导学生的认识转变和深化。略读教学目标设置的明确性和宏观性是互不冲突的，目标设置着眼于更宏观的方面，放弃字词上的细枝末节，不要追求一篇课文读完之后能立刻得到什么提升，而是把握整体脉络、作者情感等宏观的方面，使学生养成良好的略读习惯。略读过程应详略得当，既不能一味精读，也不能毫无重点，只有在初期学习阶段了解什么文章要精读、什么文章要略读，文章的什么部分要精读、什么部分要略读，学生才能正确地认识略读学习的重要意义。

二、改变对略读课文的教学思路

教师可以从改变略读课文授课方式出发来调整教学思路。首先，略读课文不同于精读课文，精读课文要求教师进行全方位细致的讲解，不仅要分析字词，还要赏析段落，更要研究作者的写作手法等；略读课文更强调学生从宏观层面把握文章主旨，更注重培养学生的阅读理解能力。在略读教学课堂上，教师将重点放在对文章整体脉络的梳理和文章中心思想的理解上，对略读课文中出现的生字词，教师可以通过课前预习和课上复习的方式让学生掌握。其次，在略读课文教学课堂上，教师以学习任务单为载体，引导学生完成自主阅读和学习，给学生足够的思考时间，让学生去独立完成阅读任务，以此锻炼学生的阅读能力。最后，教师还可以借助略读课文的主题延展出读写结合的主题，让学生根据自己对文章的理解实现对文章的续写等，实现学生的读写同步锻炼，在提高学生阅读理解能力的基础上锻炼学生的写作表达能力。

三、建立略读与精读的紧密联系

小学语文阅读教学应该重视学生语文综合素养的培养，因此，不能将精读教学和略读教学分割开来，而是要建立起精读和略读之间的内部联系。教师通过精读教学过程，指导学生习得阅读方法，形成正确的阅读思路，为学生进行略读打下坚实的基础。同时，在略读教学过程中，教师可以采取更加丰富的教学方式激发学生的阅读兴趣，使略读教学过程和精读教学过程既有联系又有不同，在兼顾各自特点的情况下，做到精读教学与略读教学的有效统一。在精读教学中，文章阅读的要求更细致，基于教学目标，需要教师不遗余力地带领学生进行深度挖掘，同时强化学生对基础知识的了解与记忆。而在略读教学中，教师更多地发挥学生的课堂主体功能，重视学生自主阅读能力的培养，让学生在略读的过程中形成自身的阅读节奏，将零碎的阅读认识整合为完整的阅读感受，形成对文章的宏观认识。要建立略读与精读之间的紧密联系，教师就必然要做到保证精读和略读的差异化教学，使两种截然不同的阅读方式都能成为学生语文综合素养提升的重要途径。

　　例如，统编版小学语文教材五年级上册第一单元以"万物有灵"为主题，编排了精读课文《白鹭》《落花生》《桂花雨》和略读课文《珍珠鸟》，这些课文都借助生活中的具体事物抒发作者的真情实感。《白鹭》通过对白鹭诗意般的描写，表达了作者对白鹭的欣赏和赞美之情；《落花生》则借助花生的特点抒发了作者"人要做有用的人"的感悟；《桂花雨》叙述了作者关于桂花的童年回忆，把思念家乡的怀旧之情倾注于其中；《珍珠鸟》通过对珍珠鸟从很害怕人到信赖人的变化过程的描述，展现了作者和珍珠鸟之间的美好情谊。本单元的语文要素是"初步了解课文借助具体事物抒发感情的方法"。把情感寄托在描述的事物中是文章表达情感的常见方法，精读课文的课后思考题引导学生品味表现事物特点的语句，体会字里行间蕴含的真情实感；略读课文则通过课文前的学习提示，给学生的阅读提供了方向。在教学实践中，教师要充分关注到精读课文和略读课文之间的紧密关系。例如，教学《落花生》一文，在学生通过交流、理解课文所讲的道理后，教师可以启发学生思考：作者借助落花生表达出自己内心的感悟，这种写法有什么好处？学生通过思考和交流，体会到借助具体事物抒发情感能使文章生动形象，让自己要表达的感情有载体、有所依附，容易引发读者的共鸣。在学生交流过程中，教师要指导学生说清楚所写的事物的特点，找到它与人的品质的相似之处，抒发自己的情感。通过学习本文，学生初步了解了借助事物抒发感情的方法。再如，教学精读课文《桂花雨》，在学生学习了前一篇课文的基础上，教师先让学生说出自己的初读感受和印象最深刻的段落，如："桂花盛开的时候，不说香飘十里，至少前后左右十几家邻居，没有不浸在桂花香里的。""这下，我可乐了，帮大人抱着桂花树，使劲地摇。摇哇摇，桂花纷纷落下来，我们满头满身都是桂花。我喊着：'啊！真像下雨，好香的雨呀！'"然后进行朗读、交流，充分发挥想象，让学生理解作者是怎样借助哪些情景来表达自己对桂花的喜爱之情、对童年生活的怀念的。如此，学生学习略读课文《珍珠鸟》，就能借助课文前的学习提示，找出课文中描写珍珠鸟可爱的语句，充分体会"我"和珍珠鸟之间的情谊。综观单元整体，对关键语段的呈现，从精读课文的由课后思考题给予提示，到略读课文时自己从文中勾画，这是一个逐渐拆除学习支架的过程，在这一学习过程中，学生自主阅读的能力逐步得到提升，学科核心素养也不断得到发展。

又如，"读书明智"是五年级上册第八单元的单元主题，这个单元编排了精读课文《古人谈读书》《忆读书》和略读课文《我的"长生果"》。三篇课文从不同的角度分别介绍了从古至今人们关于读书的态度、读书的方法、读书的经历与读书的感悟。本单元的语文要素是"根据要求梳理信息，把握内容要点"。教学时，教师引导学生在阅读实践中通过圈画关键词句，或是列提纲，抑或是画图表等形式，根据需要对提取的信息进行归纳整理，从而把握文章的主要内容。本单元的课文围绕"读书"这一主题提供了丰富的信息，如读书的经历、读书的态度、读书的方法以及对某些书的评价，要求学生梳理相关的信息，把握内容要点。教学《忆读书》一课时，教师可以引导学生聚焦梳理信息的方法，首先是分条列出信息，教师出示分条列出信息的示例：①七岁的时候自己读《三国演义》，因为对舅父讲《三国演义》无限期待。②读了《水浒传》觉得书中的人物都有生动的性格特征，但《荡寇志》中的人物则没有个性（存疑，不确定什么时候读的）。③十二三岁读了《红楼梦》，兴趣并不大，中年后再读才理解其中的滋味……梳理信息后，引导学生发现：信息梳理完整，但不够简洁直观；再引导学生用自己喜欢的方式形象地展示对课文内容的理解，如可以启发学生用表格来帮助梳理信息，表格直观简洁、一目了然，但是需要对表格进行合理的设计（见表3-1）。

表3-1 《忆读书》信息梳理

阅读时间	阅读书目	读后感受或评价	好书的标准
七岁	《三国演义》	津津有味 无限期待	能引发阅读期待，激发阅读兴趣
	《水浒传》	尤其欣赏，人物描写生动	人物形象生动，栩栩如生，个性鲜明
	《荡寇志》	没有人物个性、索然无味	
十二三岁，中年以后	《红楼梦》	十二三岁读，兴趣并不大，中年后再读才理解其中的滋味	耐人寻味
1980年后	《西游记》	精彩	故事情节精彩，不烦琐
	《封神榜》	烦琐	
	现代文艺作品	有的堆砌华丽词句，无病呻吟；有的满带真情实感、质朴浅显，令人心动，不能自已	满带真情实感、质朴浅显，令人心动，不能自已

学生在学习略读课文《我的"长生果"》时，在用较快的速度默读课文的基础上，思考作者读过哪些类型的书，从中悟出了哪些道理，再运用在精读课文中学到的梳理信息的方法进行梳理，可以继续运用表格的方式来呈现（见表3-2）。

表3-2 《我的"长生果"》信息梳理

阅读书籍类型	阅读的作用	悟出的道理
小画片	扩展想象力	构思别出心裁
落笔与众不同		
连环画		
文艺书籍		
中外名著	锻炼记忆力 增强理解力	要写真情实感 借鉴模仿创造

四、制定略读课文的教学目标

教师要深入研读，明确精读课文与略读课文的差别，以及两者在教学目标上的差异性。首先，略读课文的预习作业要趋于精准化。布置预习作业实际上是为了更好地开展课堂活动，达到更好的教学效果，因此在面对略读课文时，教师布置的预习作业应尽可能地明确和具有趣味性，以调动学生对略读课文课堂学习的兴趣。略读课文的教学目标较为简单，通常是让学生熟悉阅读技巧，自主挖掘文章主旨和有价值的内容。略读课文的课时往往较短，因此，教师可以将生字、生词的学习作为预习作业，为提高课堂教学效率打好基础。教师在布置预习作业时要遵循由易到难的原则，通过给学生搭建恰当的支架来降低预习难度，增加学生预习的针对性。其次，教师还可以将在精读课文中所学的阅读方法作为预习作业，引导学生整理整个单元乃至整本教材的阅读方法，尤其要重点盘点前一篇精读课文的学习收获，为学生学习略读课文做好铺垫。最后，教师在略读课文教学中要注重培养学生举一反三的能力，锻炼学生迁移运用之前学到的阅读方法的能力，提升学生的阅读思维能力和迁移运用能力。

例如，在教学统编版三年级上册《那一定会很好》这篇课文前，预习作业中设置了问题："回顾之前学习略读课文的过程，想一想我们是怎样学习的？"在教学"回顾略读课文学习方法，明确学习任务"环节时，教师引导学生分四步走：①一边板书课题一边引导：课题上这个"*"告诉我们这是一篇略读课文，这学期我们已经学过哪两篇略读课文？（课件出示第3课、第7课课文图片）②我们之前已经学过两篇略读课文了，学习略读课文，你有什么好的方法呢？③出示课文前的学习提示，引导：自己读一读学习提示，看看学习提示中有哪些要求，并用序号标一标。④学生自读学习提示，标上序号后交流汇报。

此外，略读课文的教学目标要聚焦。只有有了明确的目标，阅读教学课堂才会实现向着高效转变。例如，四年级下册第八单元以"中外经典童话"为主题，编排了《宝葫芦的秘密（节选）》《巨人的花园》《海的女儿》三篇课文，这个单元的语文要素是"感受童话的奇妙，体会人物真善美的形象"。与三年级上册第三单元"感受童话丰富的想象"的语文要素相比，本单元不仅要感受童话故事丰富的想象，还要通过奇妙的想象来体会人物的形象。《海的女儿》这篇童话故事让学生在奇妙的故事情节中，体会到小人鱼对爱情理想的追求，感受到她善良的品格和勇于牺牲的精神。《海的女儿》课文前有这样的学习提示："这篇课文是著名童话《海的女儿》的开头部分。用较快的速度读一读，说说你觉得奇妙的地方，再和同学交流那位最小的公主给你留下的印象。感兴趣的同学可以完整地读读这篇童话，说说你对最小的公主有了哪些新的了解。"面对如此长的课文，基于学情和文体特征，教师可以聚焦学习提示，设置这样的教学目标：①能用较快的速度默读课文，交流自己觉得课文中奇妙的地方和最打动自己的内容；②体会小人鱼美丽善良和勇敢的形象。在教学过程中，学习活动紧紧围绕目标展开，学生根据学习提示展开阅读活动，在快速默读课文的基础上进行交流，充分感受到童话奇妙的想象，初步感知文体特征，体会到故事中小人鱼美丽善良和勇敢的形象。

五、重视学生自主阅读能力的培养

教学实践证明，略读教学长期以来难以收到令人满意的成效，其原因除了教师对略读认识的不足，还在于教师在略读教学开展中的"心有余而力不足"。学生在略读方面的能力不足以支撑学生高质量地完成自主略读，学生在略读过程中难以提升阅读能力，在进行略读尝试却收不到相应的效果时，一些教师也会开始放弃略读教学，这是非常不好的现象。因此，提高学生的略读能力十分必要。统编版小学语文教材中推荐的略读文章一般更加重视文章的故事性，能较好地调动学生的阅读兴趣。但略读课文并不能完全等同于一个故事，教师仍然希望学生在略读过程中获得在精读教学中不能获得的提升，即学生的自主阅读能力的养成。在离开教师的详细指引和解析的情况下，学生仍然具有相当的独立阅读能力，这是小学语文阅读教学的重要目标之一。略读的过程要求教师放手，但教师不能毫无计划地放弃对略读过程的干预，而是将教师的作用从拆解课文上转移到提高学生的本身能力上。在精读课文教学过程中，教师实际上已经指导学生学习了相关的阅读方法、思路和技巧，只是在精读学习状态下，学生的大部分精力都放在了学习方法的过程上，而略读教学正好为学生提供了阅读方法、思路和技巧的模仿与应用机会。在自主阅读状态下，教师主要对学生的阅读行为、方法和思路进行引导，有效地提高学生的自主略读能力。

六、借助综合性问题促进学生思维的发展

教师要将课堂还给学生，鼓励学生借助已有知识去解决当下问题，引导学生形成自己思考问题的逻辑思维方式，而不是一味地灌输字词的应用和句式的赏析。因此，在教学略读课文之前，教师需要深入研读课文，挖掘课文与已学课文的联系，在课堂上引导学生回顾已掌握的阅读方法并有意识地培养学生的良好阅读习惯。略读课文的篇幅往往相对较长，为了便于学生快速掌握文本中心，教师可以通过提出综合性问题激发学生思考，帮助学生在脑海中搭建出文章的整体框架。例如，教学《那一定会很好》时，学生扮演每个时段主人公角色，教师化身"记者"采访学生，设置"问题串"：①你是怎样努力生长的？站在阳光下的感觉如何？能大口大口地呼吸空气，你感觉怎样？你觉得你是怎样的一棵树？②手推车推着这么多东西的时候心里会想什么？你的心情怎样？③骨头都会吱吱嘎嘎地响了，为什么还要这么费力地跑来跑去呢？你觉得你是一辆怎样的手推车？④当一把椅子这么吃力，你为什么还要挺直腰背呢？你觉得你是一把怎样的椅子？

再如，执教《"精彩极了"和"糟糕透了"》一文，在读懂课文内容的前

提下，教师可以设置这样一个问题来引导学生进入更深一步的学习：联系生活实际，说说你如何看待巴迪父母表达爱的方式。围绕这一问题，教师首先给学生充分独立思考的时间，然后让学生进行交流。课堂上，可能会有部分学生表示对这两种爱的方式都非常认同，但是没有更深入的理解。教师可进一步引导学生从两个方面交流自己的想法：一方面，是对巴迪父母表达爱的方式进行客观的分析。母亲的鼓励让作者信心十足，但是如果一味地表扬和赞美会使人骄傲，以至于迷失方向；父亲的警告能随时提醒巴迪需要做得更好，但是经常严厉斥责，也可能会让人失去信心。另一方面，在此基础上，教师引导学生联系生活实际，说说自己的见解。比如，有的学生谈到在爸爸的鼓励下，自己踢足球踢得越来越好，说明鼓励能使人不断进步；有的学生会说，自己因为小提琴过级了而沾沾自喜，幸好有爸爸的及时批评和提醒，才让自己静下心来继续练习。在交流中，学生不仅学到了课文里的故事，还能更真切地联系自己的生活实际，能更加客观地看待爸爸妈妈对自己的爱，从而助力自己成功、成长。

七、充分利用教材中给予的学习提示

小学语文教材中对略读文章都有明确的标注，而且每篇略读文章都有学习提示以提醒教师和学生本篇文章是略读课文，学习提示给学生如何学习本篇文章指明了方向。教师要仔细阅读学习提示，并抓住其中的关键信息来设置教学目标，以此区分精读课文与略读课文。例如，教学统编版三年级上册《听听，秋的声音》，在引导学生"初读课文，整体感知，理解字词"环节，教师出示课文前的学习提示，让学生根据学习提示读文思考；（有感情地朗读课文，一边读一边想象，然后与同学交流，你听到了秋天的哪些声音？）通过问题，启发学生思考提取相对应的信息，由浅入深，层层递进。

八、充分发挥单元整体设计的价值

统编版小学语文教材每一册都是按单元编排的，除了特殊单元以外，普通单元中都包括精读课文和略读课文，这两类课文对学生阅读能力和语文素养的提升都起到很大作用。因此，教师在备课、授课过程中，应充分关注单元内各篇课文之间的联系。另外，教师尤其要关注语文要素。不同题材、不同体裁的课文涉及的语文要素是不一样的，教师在授课过程中不仅要"授人以鱼"，更要"授人以渔"。因此，教师可以根据语文要素来对比学习多篇文章，前期通过指导让学生学会抓取课文关键信息、掌握阅读的内在逻辑，后期则给学生留有足够的时间自主探索、搭建课文与实际生活的联系。教师也可以有意识地进行适当的拓展，引领学生走进更为广阔的阅读空间。比如，阅读小说题材的课文，不仅要关注人物形象、环境描写等，还要关注小说要素之间的内在联系。

参考文献

［1］马桂兰.小学语文略读课文教学策略探究［J］.考试周刊，2022（27）：35–38.

［2］袁晓倩.浅谈小学语文略读课文的教学策略［J］.读写算，2022（24）：147–149.

［3］张安全.目标·思维·素养：小学语文阅读教学策略研究［M］.长春：东北师范大学出版社，2022.

《听听，秋的声音》教学设计

【年级】

统编版小学语文三年级上册。

【教材分析】

本单元围绕"金秋时节"编排了《山行》《赠刘景文》《夜书所见》三首古诗和《铺满金色巴掌的水泥道》《秋天的雨》《听听，秋的声音》三篇课文，从不同的角度展现了秋天别样的风景。《古诗三首》呈现了古代诗人眼中的秋景；《铺满金色巴掌的水泥道》从儿童的视角出发，描写了深秋时节铺满落叶的水泥道美景；《秋天的雨》从多个方面描绘出一个美丽、丰收、欢乐的秋天；《听听，秋的声音》描写了秋天里大自然的各种声音。篇章页的插图视野宏阔，意境深远，描绘了金秋时节两个孩子骑着自行车在道路上畅行的画面。

本单元的语文要素是"运用多种方法理解难懂的词语"。统编版小学语文教材在低年级安排了借助图画、查字典、联系上下文、联系生活经验等了解词语意思的方法，本单元是在此基础上的延展和提升，旨在引导学生综合运用多种方法理解难懂的词语，并逐步做到迁移运用。其中，《古诗三首》侧重引导学生借助注释理解古诗中难懂的词语；《铺满金色巴掌的水泥道》侧重引导学生运用联系上下文、结合生活实际等方法理解词语；《秋天的雨》以"五彩缤纷"为例，引导学生用不同的方法理解词语的意思；语文园地的"交流平台"引导学生总结理解词语的方法；"词句段运用"的第二题安排了实践运用的练习。

【学情分析】

学习本课之前学生已经有了学习第一篇略读课文《不懂就要问》的经验，本课是本套教材的第二篇略读课文，要给予学生充分的自主学习的时间，巩固从《不懂就要问》一课中学到的略读方法。根据学习提示，本课可以设计两个学习活动：一是整体了解诗歌的主要内容，关注诗歌中描写的秋的声音；二是有感情地朗读课文，边读边想象画面。教师在本课教学中要充分体现略读课文的特点，尽量让出学习的时间和空间，以学生自主学习和交流为主，教师做适当的点拨。在学生的交流过程中，教师要引导他们用自己的话把透过声音想到的画面说清楚；在理解词语、读懂诗句、想象画面的基础上，可引导学生有感情地朗读课文。

【教学目标】

1. 认识"抖、蟋"等9个生字。

2. 有感情地朗读课文。能展开想象，从大自然的各种声音中体会秋天的活力。

3. 能自主运用学过的方法理解"叮咛""歌吟"等词语的意思。

【教学重难点】

教学重点：有感情地朗读课文。能展开想象，从大自然的各种声音中体会秋天的活力。

教学难点：从大自然的各种声音中体会秋天的活力，积极与他人交流自己的感受。

【教学准备】

学生完成"预习单"，教师制作"教学课件"。

【教学过程】

（一）创设情境，导入新课

（1）播放秋天的声音，引出课题。

播放秋天里大自然的多种声音的音频，如风吹落叶声、蟋蟀鸣叫声等，揭示主题。

导入：秋天，不仅有丰富的色彩，还有许多美妙的声音。听了刚才的音频，大家都听到了哪些声音呢？

预设：是的，刚才大家听到的都是大自然的声音。今天这节课，我们一起去听听秋的声音。

（2）板书课题，学生齐读课题。

（3）引导回顾：上一个单元学的哪篇文章也是略读课文？想想当时我们是怎样学习的？

（4）学生交流从《不懂就要问》一课中学到的略读课文的方法。

教师相机板书：借助学习提示、自主学习、讨论交流。

设计意图：阅读教学应注重培养学生的独立阅读能力。本课是三年级第二篇略读课文，可以引导学生根据学习经验自主发现、总结略读课文的方法，并加以运用，提高阅读能力。

（二）初读课文，整体感知，理解字词

（1）教师出示课文前的学习提示，学生根据学习提示读文思考。（有感情地朗读课文，一边读一边想象，然后和同学交流，你听到了秋天的哪些声音？）

（2）教师指名学生朗读课文，相机指导读音："掠"读第四声，"振、吟"是前鼻音。

（3）教师引导学生感受诗中写到的秋的声音。

①同桌交流从诗中听到了秋的哪些声音，教师指名回答。

预设：秋的声音有大树、蟋蟀、大雁、秋风的声音。

②你能找出表示声音的词吗？

预设：学生会找到"唰唰、叮咛、歌吟"等词语。

③ 读一读表示声音的词语，交流一下你是怎样理解这些词语的。

教师鼓励学生用学过的方法自主理解词语，巩固学过的方法技能。

④ 说一说，自己还在哪里听到过这些声音？

⑤ 请同学们再读课文，找出不懂的词语，运用已学过的方法试着理解，然后分小组交流：你用什么方法理解了哪些词？

预设：引导学生回忆理解词语的方法——联系上下文、查工具书、找近义词、联系生活等。

（4）引导学生齐读诗歌，整体感知秋的声音。

设计意图：本环节借助课文前的学习提示，引导学生进行初读感知与思考，通过问题，启发学生思考提取相对应的信息，由浅入深，层层递进。

（三）交流想象的画面，有感情地朗读诗歌

（1）引导：读到这些秋的声音，你的眼前仿佛出现了怎样的画面？自己试着边读诗歌边想象画面，并说一说。

（2）在学生自主学习后，教师组织学生开展小组合作学习，出示合作学习要求。

① 四人小组内互相交流自己想象的画面。

② 小组代表选择最感兴趣的一个画面进行汇报。

③ 小组集体展示朗读。

（3）小组展示交流，组间互相补充。教师随机点拨，指导学生用自己的话把想象的画面说清楚，并有感情地朗读诗歌。

预设1：学生想象的是黄叶向大树道别的画面。

① 教师引导学生通过"抖抖手臂""道别"这两个词语，结合生活经验，想象一阵阵秋风吹过，黄叶离开大树飘落下来的情景，还可以想象一下黄叶会对大树说些什么。

② 教师相机播放"秋叶飘零"的视频，帮助学生把画面说清楚。

③ 教师提示学生朗读时把"道别的话音"读得稍慢些，表现出不忍告别的依依之情。

预设2：学生想象的是蟋蟀向阳台告别的画面。

引导学生抓住"振动翅膀""告别"这两个词语，想象蟋蟀会唱些什么，向阳台告别时会说些什么，并读好这一小节。

预设3：学生想象的是大雁洒下温暖的叮咛的画面。

① 在学生交流画面的基础上，教师随机提问：这里的"叮咛"指什么？指导学生联系生活实际理解词语的意思，如上学前，妈妈叮咛我们要好好听课；我们生病时，妈妈会叮咛我们要多喝水，从而理解"叮咛"就是带有关切的反复叮嘱。

② 启发：秋天到了，大雁可能会向谁叮咛什么呢？

③ 教师引导学生在理解和想象的基础上，用舒缓的语调读出叮咛带给人的温暖之感。

预设4：学生想象的是秋风送来丰收的歌吟的画面。

① 结合学生的交流，教师点拨可以通过联系生活实际或找近义词的方法理解"歌吟"的意思，即歌唱、歌咏。

② 启发：秋风掠过田野，看到稻谷丰收了，它的歌里会唱些什么呢？

③ 学生朗读时，语气可以强烈些，语调可以高昂些，读出秋天丰收的喜悦之情。

预设5：学生想象的是藏在其他事物中的声音的画面。

① 结合学生的交流，教师引导学生想象秋天里树叶飘落、花儿绽放、稻谷成熟、农民辛勤劳作等画面，感受秋天丰收的景象及其所蕴含的生机与活力。

② 教师指导学生朗读第4～6小节：第4小节适当强调"辽阔透明的音乐厅""好好地去听"；第5小节朗读时声音稍轻，语势要层层加强；第6小节"匆匆地来""匆匆地去"可读得稍快些，最后的"秋的声音"4个字语速稍慢，读出意犹未尽的感觉。

（4）在小组交流汇报的基础上，教师指导学生有感情地朗读诗歌。

设计意图：此环节继续聚焦课文前的学习提示，引导学生一边读诗歌，一边想象画面。在这个学习环节，教师要适时隐退，把学习时间和空间留给学生，学生在进行小组合作的基础上交流、互学、互助，表达自己的朗读想象，再带着自己的独特感受朗读诗歌，"有感情地朗读课文"这一学习目标就有效达成了。

（四）习得语言，写诗读诗

（1）习得语言范式，写诗读诗。

① 想一想，说说你在哪里听到过秋的声音？

提示：拓展学生的想象，从课内延伸到课外。

② 练一练，仿照第5小节，写一写自己在哪里听到过"秋的声音"。

秋的声音，

在……在……，

在……在……。

（2）熟读诗歌，自由作诗。

提示：学生熟读诗歌，仿照诗歌自由作诗，可以用上文中喜欢的词语，写完和同桌交流。

（3）学生在全班交流，教师相机点评。

（4）学生修改完善自己的小诗，还可以在诗句的旁边进行美化。

设计意图：本环节引导学生试着展开想象，用诗的形式写写秋天的其他声音，由零散走向整合，由个体走向群体，较好地体现了略读课文教学开放自主的特点。

【板书设计】

听听，秋的声音

黄叶落地——
蟋蟀冬眠——
大雁南飞——

对大自然的喜爱和赞美

《那一定会很好》教学设计

【年级】

统编版小学语文三年级上册。

【教材分析】

本文选自统编版教材三年级上册第三单元，本单元选编了不同作家、不同风格的四篇中外童话。这些童话充满了丰富而奇特的想象，既引人入胜，又发人深思。《卖火柴的小女孩》中的小女孩擦燃火柴后看到了奇异的幻象；《那一定会很好》的主人公不断产生愿望，恰巧不断地实现了；在《在牛肚子里旅行》中，小蟋蟀经历了一场惊险的旅程；在《一块奶酪》中，蚂蚁队长因为小小的奶酪渣儿进行了激烈的思想斗争。

本单元的语文要素是"感受童话丰富的想象"。通过前面的学习，学生对童话这一体裁已有一定的感性认识。这次专门安排童话单元，旨在引导学生进一步体会童话丰富而奇特的想象，帮助学生建立对童话这种文学体裁的初步认识。四篇课文运用多种形式引导学生感受童话丰富的想象。"交流平台"则引导学生梳理总结童话的基本特点、童话中丰富的想象及阅读童话的好处。

本文讲述了一粒种子从长成一棵大树，到变成手推车、椅子，再到变成木地板的生命历程。在这个历程中，主人公不断转变，每一次转变都是一个愿望的开始，每一个愿望最后都实现了。一粒种子的愿望，经过一段段历程，最后回到原点，这是经历了各种生命体验后的一种回归。课文想象丰富，内容生动，具有情节反复的特点，文中四次出现"那一定会很好"，凸显了心怀美好，享受生命中每一段历程的积极人生态度，也使结构更加清晰。

【学情分析】

这是学生进入中年级后学习的第三篇略读课文，通过《不懂就要问》《听听，秋的声音》的学习，学生对怎样学习略读课文积攒了一定的经验。教师在教学时要给予学生充分的自主学习的时间，巩固从之前的两篇课文中学到的略读方法，突出略读课文的特点，引导学生根据课文前的学习提示，明确学习任务。通过阅读课文，了解主人公从一粒种子到变成阳台上的木地板的生命历程，体会主人公坦然、乐观的人生态度。

教师可以引导学生借助学习提示中的问题展开思考，边默读边圈出表示主人公变化阶段的相关词语，画出简单的示意图，再借助示意图说一说主人公的生命经历了哪些阶段；同时，关注主人公在每一段历程中的愿望及其是怎样实现愿望的，结合生活经验，想象主人公在每一段历程中的心理活动，尤其要想象它四次内心独白中反复说出"那一定会很好"时的心情，从而体会它坦然、乐观的人生态度及内心深处的幸福感和满足感。

【教学目标】

1. 认识"缩、努"等8个生字。

2. 默读课文，能说出主人公从一粒种子长成一棵大树，到变成手推车、椅子，再到变成木地板的生命历程。

3. 能体会主人公坦然、乐观的人生态度。

【教学重难点】

教学重点：默读课文，能说出主人公从一粒种子长成一棵大树，到变成手推车、椅子，再到变成木地板的生命历程。

教学难点：能体会主人公坦然、乐观的人生态度。

【教学准备】

教师制作"教学课件"、词语卡片、学习单。

【教学过程】

（一）谈愿望，导入新课

（1）同学们，每个人都有自己的愿望，你的愿望是什么呢？

（2）学生交流。

请用上"那一定会很好"这样的句式来说一说自己的愿望吧！

揭示课题：有一颗小小的种子，它也有着自己美好的愿望。今天，我们一起来学习一篇童话故事——《那一定会很好》。

设计意图：通过谈愿望激发学生兴趣，导入课题，这样轻松愉快的谈话能快速吸引学生的注意力，引领学生进入良好的学习状态。同时，通过对"愿望"的畅想，唤起学生对美好的向往——"那一定会很好"。

（二）回顾略读课文学习方法，明确学习任务

（1）教师一边板书课题一边引导：课题上这个"*"告诉我们这是一篇略读课文，这学期我们已经学过哪两篇略读课文？（课件出示第3课、第7课课文图片）

（2）我们之前已经学过两篇略读课文了，学习略读课文，你有什么好的方法呢？

预设：运用在精读课文中学到的方法学习、借助课文前的学习提示学习、借助课文后的泡泡学习等。

（3）出示课文前的学习提示，引导：自己读一读学习提示，看看学习提示中有哪些要求，并用序号标一标。

（4）学生自读学习提示，标上序号后交流汇报。

设计意图：本课是三年级学习的第三篇略读课文，学生已经积累了一定的学习经验。通过回顾前两篇略读课文及其学习方法，学生读一读、标一标本课的学习提示，明确阅读目标，为接下来的自主学习做铺垫。

（三）初读课文，了解"种子"的生命历程

（1）学生自由朗读课文。

要求：①读准字音，读通句子，读顺课文。②找出不理解的词语和句子，并做上标记。

（2）反馈交流。

指名逐段朗读课文，其他同学认真倾听，教师及时纠正错误读音。

教师带领学生认读词语：

缩成一团、吱吱嘎嘎、拆下来、努力生长、手推车、茎、锯子、斧。

（3）布置学习任务：用较快的速度默读课文，想一想，从一粒种子到阳台上的木地板，它经历了一段怎样的过程？并在文中圈画出主人公变成的事物。

（4）学生默读课文，圈画主人公变成的事物。

（5）学生自主交流种子的生命经历中的四次变身。

（6）引导学生按顺序在黑板上贴一贴"种子、大树、手推车、椅子、木地板"的词语卡片，并简单介绍故事内容。教师相机在词语卡片间标注箭头。

设计意图：初步把握文章的主要内容是三年级教学的重难点。通过快速默读并思考和圈画相关词句，以及再按顺序摆一摆卡片，帮助学生搭建学习支架，让课文主要内容一目了然。

（四）默读课文，体会主人公的美好愿望

（1）引导：在主人公的一段段历程中，它所变成的事物都有自己美好的愿望。请同学们默读课文，找出它的愿望，并用横线画出来。

（2）学生默读课文，画出描写主人公愿望的句子。

（3）学生交流汇报。教师相机出示主人公的4个愿望。

（4）指名根据课文内容演一演这个故事，教师采访扮演各个角色的学生，请学生说说内心想法，相机指导朗读。

预设采访问题：

① 如果你就是它，想一想，你为什么一定想要站起来呢？能大口大口地呼吸空气，你有什么感觉？

② 你为什么想做一棵会跑的树呢？

③ 你为什么想要休息一会儿，躺下来呢？

（5）引导朗读：多么美好的愿望啊！如果这些愿望都实现的话，那一定会很好！让我们再读读这些美好的愿望吧！学生再次有感情地朗读表达4个愿望的句子。

设计意图：通过代入角色，学生思考"那一定会很好"的言外之意，切身体会主人公的内心世界。这样的体验式想象不仅能使学生感受这些愿望的美好以及心怀美好愿望所带来的幸福感，还能让学生脑海中形成一个个鲜活的童话形象，从而感受童话丰富的想象。

（五）再读课文，感悟一段段历程，再用自己的话说一说

（1）引出学习任务：在这一段段历程中，心怀美好愿望的主人公都经历了什么呢？它的心里又是怎样想的？默读课文，圈画出相关词句。

（2）课件出示学习单，小组讨论，共同完成表格（表3-3）。

表3-3 学习单

主人公	经历的事	当时的心情
种子		
大树		
手推车		
椅子		
木地板		

①交流汇报，教师相机点评。

预设：

种子：努力生长。

出示第2自然段，引导学生说一说：它是怎样努力生长的？站在阳光下的感觉如何？指导学生读出种子的努力和快乐，感悟它努力向上的心态。

②大树：向着农夫哗哗哗地拂动。

出示第5自然段，引导学生想一想，当它向着农夫哗哗哗地拂动的时候会说些什么？感悟它积极主动的态度。

手推车：在山路上跑来跑去、骨头吱吱嘎嘎地响、费力地跑来跑去。

a. 出示第7自然段，引导学生说一说："……"省略了什么？手推车推着这么多东西的时候心里会想什么？你觉得它的心情怎样？

b. 相机指导"吱吱嘎嘎"的读音。引导学生想一想：它的骨头都吱吱嘎嘎地响了，它为什么还要这么费力地跑来跑去呢？你觉得这是一辆怎样的手推车？

③椅子：挺直腰背坐着、吱呀摇晃。

相机指导"拆"的读音。引导学生想象：椅子这么吃力，为什么还要挺直腰背呢？你能用一句话来赞美它吗？

（3）木地板：满意地舒展着身子。

引导学生说一说：它此刻内心的想法会是什么？它可能会说些什么？

（4）引导交流：你喜欢这样的主人公吗？为什么喜欢它？

设计意图：利用学习单开展小组合作学习，不仅能明确自学任务，还能提高小组学习的效率，在理解故事情节的基础上，锻炼口头表达能力。这一环节不仅为学生的自主阅读探究创设了机会，更为学生的语言实践搭建了展示的平台。

（六）想象并续编故事

（1）每一次主人公在许下愿望时，心里都会想："……，那一定会很好。"如果让你继续往下编故事，你会怎样编呢？

（2）学生以小组合作的形式尝试续编这个故事。

（3）指名小组汇报展示。

（4）师生交流，再次感受童话具有丰富想象的特点。

【板书设计】

那一定会很好

种子—大树—手推车—椅子—木地板

心存美好　享受生命

《我不能失信》教学设计

【年级】

统编版小学语文三年级下册。

【教材分析】

本文选自统编版小学语文教材三年级下册第六单元，本单元围绕"多彩童年"这一主题，编排了《童年的水墨画》《剃头大师》《肥皂泡》《我不能失信》四篇课文。《童年的水墨画》以诗歌的形式呈现了乡村儿童生活的多姿多彩、自由自在；《剃头大师》折射出童年生活的纯真与有趣；《肥皂泡》写出了儿童丰富的想象和美好的憧憬；《我不能失信》讲述了宋庆龄小时候诚实守信的故事。四篇课文从不同角度呈现了多姿多彩的儿童生活，展现了童年生活的纯真和美好。

本单元的语文要素是"运用多种方法理解难懂的句子"。学生在三年级上册第二单元学习过"运用多种方法理解难懂的词语"，这为"理解难懂的句子"打下了良好的基础。本单元难懂的句子，有的是句子本身的意思难以理解，有的是句子字面意思不难，但只有理解了它内在的含义，才算是真正读懂了这个句子。本单元的精读课文引导学生学习运用联系上下文、联系生活等方法来理解难懂的句子，略读课文引导学生自觉运用这些方法，"交流平台"对理解难懂的句子的方法进行了梳理、总结，以进一步提升学生的认识。

这篇课文讲述的是宋庆龄小时候诚实守信的故事：一天早晨，宋庆龄全家准备到伯伯家去，临出门时小庆龄想起当天要教朋友小珍叠花篮，爸爸和妈妈都劝她改天再教，虽然小庆龄很想去伯伯家，但是她还是决定留下来履行自己的诺言。课文赞美了小庆龄诚实守信的可贵品质。

【学情分析】

童年生活是丰富多彩令人难忘的，本单元围绕"多彩童年"主题进行编排的课文，都是三年级这个阶段的孩子们喜闻乐见的。本单元的学习内容与学生的生活密切相关，通过本单元的学习，学生体会到作者对童年生活的眷恋，感受到童年生活的美好、童年时光的珍贵，从而丰富情感体验，更深切地感受和珍惜自己正在经历的童年生活。《我不能失信》这篇课文情节简单，内容贴近儿童生活体验，理解起来不会有很大的困难，教师可放手让学生根据学习提示的要求，抓住描写小庆龄言行的相关语句，联系上下文和生活实际自主阅读，感悟人物的可贵品质。

【教学目标】

1. 认识"耀、庆"等5个生字。
2. 能根据已有学习经验，结合课文内容，联系生活实际理解课文结尾处宋庆龄的话。
3. 能体会并学习人物诚实守信的可贵品质。

【教学重难点】

教学重点：能根据已有学习经验，结合课文内容，联系生活实际理解课文结尾处宋庆龄的话。

教学难点：能体会并学习人物诚实守信的可贵品质。

【教学准备】

教师制作"教学课件"、词语卡片。

【教学过程】

（一）介绍人物，激发兴趣

（1）出示宋庆龄的照片，并介绍人物：宋庆龄（1893—1981），海内外公认的20世纪伟大的女性之一。她毕生关注少年儿童的成长，其主要著作被编为《宋庆龄选集》。今天，我们学习的就是宋庆龄小时候的故事。

（2）板书课题，揭示课题。

根据课题，引导质疑：课题中的"我"指的是谁？"我"不能失信于谁？让我们带着这些疑问，走进课文。

设计意图：介绍课文中的主人公，让学生了解人物，激发学习兴趣。板书课题，提出问题，引导学生思考，调动学生阅读的积极性。

（二）初读课文，整体感知

1. 自读课文，了解课文内容

（1）出示词语卡片，学生认读。

宋耀如、宋庆龄、盼望、叠花篮、歉意。

（2）相机正音："庆"是后鼻音，"盼、歉"是前鼻音。

2. 结合课题，整体感知

（1）结合课题，引导学生梳理："我"指的是谁？"我"不能失信于谁？她们之间发生了一件什么事？你知道吗？

学生交流后明确："我"指的是宋庆龄，"我"不能失信于小珍。宋庆龄答应了教小珍叠花篮，为了遵守诺言，放弃了去伯伯家看鸽子的机会，一直在家里等小珍。虽然最终小珍没有按时来，但宋庆龄因为没有失信而不后悔。

（2）引导学生初步把握人物品质：结合课题和刚才的发言，你从中发现宋庆龄具有怎样的品格？

预设：诚实守信。

（3）接下来我们读一读人物的对话，具体来感受宋庆龄诚实守信的优秀品质。

（三）合作交流，体会人物品质

1. 请学生默读课文，教师出示要求

（1）默读课文，试着揣摩人物说话时的语气、神态和动作。

（2）想一想：你从哪些内容中体会到了宋庆龄诚实守信的美好品质？

2. 学生汇报交流

预设1："不行！不行！我走了，小珍来了会扑空的，那多不好啊！"庆龄边说边把手抽回来。

体会：我可以从两个"不行"和"把手抽出来"感受到宋庆龄要留下来等小珍的坚定决心。

相机指导：两个"不行"后面都是感叹号，要读出这种坚定。

预设2："不，妈妈。您说过，做人要信守诺言。如果我忘记了这件事，见到她时向她道歉是可以的，但我已经想起来了，就不能失信了！"庆龄坚定地说。

体会：我读第2句话的时候，感受到宋庆龄不仅是一个守信的人，还是一个诚实的人。

预设3："一个人在家，是很没劲。可是，我并不后悔，因为我没有失信。"

相机点拨：你从哪里看出她"一个人在家，是很没劲"？

预设4：我从"她一会儿拿起一本书看，一会儿又坐到琴凳上弹钢琴，平时很熟的曲子，今天却总是弹不准"这句话知道她一个人在家很没意思。

相机点拨：

（1）你有过这样的经历吗？

引导学生结合生活经历体会句意。

（2）在家里这么没劲，如果去了伯伯家呢？

预设5：在伯伯家能看到漂亮的鸽子，说不定还能收到伯伯送她的鸽子。

相机点拨：

（1）在伯伯家是如此有趣好玩，而她却说……

引导学生找出句子，并齐读句子。

（2）你从这句话中体会到了什么？

3. 小结

通过联系上下文，抓住有关词语和句子，结合自己的生活经历理解句子，深刻体会到了守信不易。正是这种不易让我们认识到守信的可贵。请同学们再读一读宋庆龄的话，体会这种品格的可贵。

设计意图：结合学习提示，在引导学生整体感知课文内容的基础上，紧扣住宋庆龄"诚实守信"的美德组织学生进行自主探究学习，让他们通过与文本深度对话，聚焦到课文中对宋庆龄的言行描写，从中逐步丰满对人物品质的准确感知。

（四）总结全文，拓展思维

（1）总结：这节课，我们通过多种方法理解了宋庆龄说的话，体会到了宋庆龄坚守诺言的坚定态度和美好品质。

（2）请你设想一下，如果小珍知道了这件事，她会说些什么呢？试着写一写。

（3）全班交流。

（4）课件展示有关诚实守信的成语、名言警句。

（5）选择自己喜欢的成语、名言警句进行积累、背诵。

（6）总结：诚信是道路，随着开拓者的脚步延伸；诚信是智慧，随着博学者的求索积累；诚信是成功，随着奋进者的拼搏临近；诚信是财富的种子，只要你诚心种植，就能开花结果，有所收获。希望我们都能做一个诚实守信的人。

设计意图：从小珍的角度来体会宋庆龄诚实守信的可贵之处，渗透语文的人文性，升华学生的阅读体验和感悟。另外，通过积累从课外阅读和生活中获得的语言材料，丰富学生的认知，对诚实守信的美好品质进行拓展和延伸。

（五）布置作业，拓展延伸

查找其他的关于诚信的名人逸事读一读，再讲给父母或者朋友听。

【板书设计】

我不能失信

准备去伯伯家—坚持留下来—没等到小珍
（心情喜悦） （坚定决心） （没有后悔）

履行诺言　诚实守信

第四章

课外阅读：提升素养

腹有诗书气自华，最是书香能致远。《义务教育语文课程标准（2022年版）》倡导多读书，好读书，读好书，读整本的书。在教学实践中，教师发挥导学的作用，培养学生阅读课外书籍的兴趣，鼓励学生读整本书，教授读书的基本方法，从而引导学生将课内阅读延伸到更为广阔的课外，运用课内习得的方法进行课外阅读，拓宽学生的阅读视野。教师进行阅读教学的实践与运用，落实好"读前导读、读中推进、读后展示"三环节，引导学生一本一本持续地读，经历大量的阅读实践，提升阅读思维能力。

课外阅读教学的价值

阅读是伴随一个人一生的活动，经常阅读的人就好像拿着一把金钥匙，随时能开启知识的宝库，对知识取之不尽，用之不竭。作家赵树理说过，读书也像开矿一样，"沙里淘金"。对个体来说，阅读有利于开阔视野，增长知识，陶冶情操，健全人格。对一个国家和民族来说，阅读有利于促进精神文明建设，有利于构建和谐社会，有利于促进民族文化发展。当代学生作为未来的社会主义建设者和接班人，更需要养成良好的阅读习惯，提高自己的阅读能力，为自己的成人成材打下坚实的基础。阅读需要从小培养，学校及家庭要让每一个学生认识到阅读的重要意义，激发学生的阅读兴趣，培养学生良好的课外阅读习惯，提高学生的阅读能力。

一、时代发展的客观要求

随着教育事业的不断改革与进步，中小学生教育问题也受到了社会的广泛关注。我国在2021年颁布了"双减"政策，用以减轻中小学生的学习压力，这体现出对中小学教育的高度重视，而语文作为三大主科之一，其教育过程中所包含的知识对学生是至关重要的。课外阅读是小学语文教育中的重要组成部分，自2014年以来，"倡导全民阅读"连续三年写入国务院政府工作报告，《中华人民共和国国民经济和社会发展第十三个五年规划纲要》（以下简称《纲要》）将"全民阅读"提高到国家战略高度。《纲要》指出：坚持少儿优先，保障重点，要从小培养阅读兴趣、阅读习惯、阅读能力。小学阶段能让学生进行有效阅读的内容大多数来自小学语文教材，如果学生仅仅是在课内阅读课文，其阅读量是远远不够的，因此我们必须重视课外阅读。

学生可以通过阅读扩大自身的文化视野，强化自身的知识储备，这也是素质教育背景下发展学生核心素养的要求。语文教学中增加课外阅读，能开阔学生的视野，让学生学习不同的知识，促进学生综合素养的发展。教育部一再明确学校要培养大批实用型技术人才，传统的教学方式和理念过于强调对书本上基础知识的灌输，往往忽略了对学生文化素养的培养，造成部分学生平时只能循规蹈矩地背诵，缺少充足的学习资源和教学活动作为支撑。整本书阅读能提高学生的语文思维，让学生对所阅读的内容进行深度学习，培养学生对知识的应用能力，从而培养符合时代要求的人才。

二、基于人的发展而阅读

古希腊哲学家芝诺曾经说过："人的知识就好比一个圆圈，圆圈里面是已知的，圆圈外面是未知的。你知道得越多，圆圈也就越大，你不知道的也就越多。"这说明一个人掌握的知识越多圆就越大，而所接触到的未知越多，困惑也就越多，所以人就会不断探求知识，不断获得知识。长期阅读的人在生活中往往很显眼：公众场合偏于安静，发言时直戳重点、逻辑清晰；做事情时高度专注，不会大声吵闹；学习能力强，接受新事物快。这就是阅读赋予的意义与价值。

（一）阅读能促进理解

在学习过程中，阅读能力是一种非常重要的能力。告别以游戏活动为主的幼儿园生活，孩子们进入新的环境，开始崭新的小学学习生活，教师一定要把握这一关键时期，重视对学生阅读兴趣和阅读习惯的培养，如读书时精力集中，爱护书籍，不把书弄脏，不随意折卷书页，在家或在图书馆读书时轻拿轻放，在图书馆读书不大声喧哗，等等。学生如果拥有良好的阅读习惯，往往就会拥有较强的阅读理解能力，能做到厚积薄发，发挥出自身最大的能量和潜力。语言句子的组织结构、词语之间的关系及习惯性的语用表达等都具有一定的规律性，而阅读有利于学生掌握语言的表达规律，有利于学生理解语言的构成及其所蕴含的深层含义，培养良好的语感。同时，阅读是检验学生语言掌握情况最直接的手段，语言基础扎实、语言组织能力强的孩子，阅读起来障碍就会少一些或是无障碍，能实现很顺畅的阅读。阅读能力本身是学习能力的一种体现，阅读能力会影响学生对各科知识的学习。

各学科的学习都是从阅读开始的。在语文教学中，学生可以通过阅读活动来提高自己的阅读理解能力，可以通过有效提取、筛选、整合关键信息掌握课本上的知识点，为之后更深入地学习语文知识、提升语文素养打好基础。数学学科也是一门非常考验学生阅读理解能力的科目，数学学习内容大多是数理问题，学生如果阅读理解能力不强，看不懂题目和知识点，自然无法理解抽象晦涩的数理，就会产生不良情绪，甚至是厌学情绪，进而影响学习自信心的树立。英语学习是学生与国际接轨的第一步，是学生获取广博知识和信息资源的有效渠道，培养学生的英语阅读理解能力是现代英语教学不可或缺的重要组成部分。英语阅读理解能力的培养，并不是局限在单纯地做阅读理解习题上，而是让学生学会如何阅读，掌握阅读的技巧，还要从英语学习中了解中西方文化的差异，培养跨文化素养和综合素养。其他学科的学习亦是如此。学生只有具备良好的阅读习惯，才能不断提高阅读理解能力，才能更好地学习各科知识。

（二）阅读能引发思考

首先，阅读能为学生打开一片新天地，让学生接触新鲜事物，引发学生的思考，让学生通过阅读发现自己喜欢的人、事、物，充分领悟文章的真谛，感悟生活的道理，逐渐变成一个喜欢思考的人。例如，读了《中国古代寓言》中的《叶公好龙》这个故事后，对比叶公在真龙来之前和真龙到他家时截然不同的两种表现，充分感知叶公"虚伪""口是心非"的人物形象。教师可以引导学生读寓言故事时要联系生活进行思考，联想实际生活中自己有没有遇到过像叶公一样的人，同时警示自己做人做事要真诚，实事求是，不做像叶公这样的人。在适时的学习情况下，教师还可以引导学生写出读书之后的所思所想，以及自己的心情和经历。这样，不仅能让学生排解压力、放松心情，还能让学生通过反思发现自己的问题、明确自己的价值取向等。其次，阅读会启发人的思考，能让人觉得自己对这个世界的了解还很有限，进而不断反思、不断探寻，最终找到自己想要的答案。最后，阅读能发人深省，可以把读者带入一个全新的境界。比如，有时候我们读到一篇文章，文章中的内容是我们没有经历过的，或者是我们虽然经历过却从没关注过、思考过的，但是这篇文章引发了我们的思考，激发了我们的想象力和思考力，让我们产生了异样的体验，这就是阅读带给我们的奇妙感受。

（三）阅读能让人明理

虽然人生中的很多事情我们不可能一一经历，但是通过阅读而引发的思考却可以让我们领略到更精彩的人生。喜欢阅读、经常阅读的人一定会有这样的体验：在某篇文章中你能理解作者想要表达的意图，但是总觉得作者的表达欠缺了一些什么，让你有一种跃跃欲试的冲动，想给文章增添点文字或者做一些改动，以达到抒发自身情感、表达自己思想的目的；抑或是这篇文章的某些文字深深触动了你，说出了潜藏于心底许久却又不知如何表达的话语，让你仿佛看到了自己。这就是人们常说的"在阅读中发现自己"。例如，很多人读了日本作家山下英子写的《断舍离》一书后，开启了"物质极简、信息极简、交际极简、目标极简、情绪极简、心态极简、表达极简"的极简生活模式。这些，正是这篇文章价值的体现，它激发了你的思考，带给你灵感，让你的内心豁然开朗，让你产生了共情，如此，你在阅读之旅中更明理，也更加睿智了。

（四）阅读能令人快乐

阅读能力强的学生往往能在阅读的过程中产生更多愉悦的体验，他们认为阅读是一件非常令人愉快的事情。他们无论是阅读一首诗、一篇散文，还是一篇小说，甚至是一篇科普文章，都会具有更强的感知能力，能充分感受到文章的价值及阅读的乐趣，产生愉悦的体验，进而产生更强烈的阅读兴趣，促使自己进行更广泛和更深入的阅读。爱阅读、会阅读的学生不会将阅读看作教师要求完成的一项任务，不会将阅读看作一种负担，而是将阅读当作一种乐趣和享受，充分享受文章的语言美、故事美、思想美、意境美。他们会将阅读当作自己的一种习惯，会从不同类型的书籍中获取不同的体验及不同的营养，从而让自己更快乐、更丰富、更充实。爱阅读的学生更容易从生活中感受到乐趣和美好。

（五）阅读能提高素质

阅读是一个不断提升自我的过程，书籍是人类不可或缺的营养品。生活中没有书籍，就好像没有阳光。阅读是了解人生、获取知识的最佳途径。学生在课本中学到的文化知识是有限的，而课外更广阔的阅读能增长学生的见识，丰富学生的知识，开阔学生的视野，培养学生广泛的兴趣和爱好，帮助学生学会为人处事。学生通过阅读做到不出家门而知天下事，不出国门而了解世界各地的历史文化、风土人情等，进而提高综合素质。

英国哲学家培根说过：读史使人明智，读诗使人灵秀，数学使人周密，科学使人深刻，伦理使人庄重，逻辑与修辞使人善辩。学生通过阅读各类书籍，可以获取各个方面的知识，可以获得多种能力的提升，进而提高自身的综合素质。阅读能力强的学生在阅读时会带着强烈的好奇心、求知的欲望和真挚的情感走进文本，分析文本的语言文字，感受文本的谋篇布局，挖掘文本的深层含义，体会文本的精神内涵。在此过程中，他们会感受到文本的意义和价值，会受到文本的熏陶，从而开阔眼界、深化思想、陶冶情操，并将自己感受到的东西外化为语言表达能力、理解概括能力、写作能力、艺术鉴赏能力及综合思考能力，进而提高自己的综合素质。

阅读的作用主要体现在三个层次：第一个层次是通过阅读获取知识和经验。这是成为一个博学多才的人的前提，正所谓"读万卷书，行万里路"。未来的生活对每个人来说都是未知的。未来的人生对每个人来说都有千万种可能，然而又是具有独特性、不可复制的。作为个体的人，在浩瀚宇宙、历史长河中是渺小的，不可能穿越时光，也不可能踏遍苍穹，所看到的和所经历的事物都是有限的。然而阅读可以为人们打开一扇通往更远处、更神秘之处的窗户，能开阔人们的视野，带给人们更广博的知识和更丰富的体验，充分满足人们的好奇心和求知欲。第二个层次是通过阅读得到引导和启发。书籍不仅能带给人们知识和经验，还能带给人们启发和力量。每个作者因所处时代不同、生活方式不同、思维方式不同、价值观念不同，所以写出来的文章也不同，各有各的侧重点，各有各的美，各有各的思想。而阅读就像与作者进行一次促膝长谈，作者的思想和精神透过文字娓娓道来，若隐若现。如果读者正处于人生低谷，抑或是正对一件事久久不能释怀，某一天读到一篇文章时，突然就被文中的某句话或某段话而打动，而震撼，而惊醒，醍醐灌顶般地看到了云开雾散，看到了光芒万丈……所以，书籍是一种精神食粮，是一位良师益友，它闪耀着人性的光辉，它可以让你变得更加智慧、更加从容、更加坚强。第三个层次是通过阅读锻炼思维能力，建立独特的思维体系。人们在阅读过程中需要充分调动自己的思维、想象力和情感，甚至调动自己内在却不自知的"自我"，去挖掘，去体会，去联想，去创造，直至逐渐形成自己独特的思维体系。而接下来，人们就会运用这套思维体系去思考人生，去指导自己的生活实践。

三、培养核心素养的根本要求

在小学阶段的教育当中，教师教学的主要目的就是培养和提升学生的学科核心素养。而在语文核心素养培养中，课外阅读活动的有效开展能丰富学生的文学底蕴，提升学生的阅读能力，而阅读能力是语文核心素养中至关重要的一种能力。培养核心素养无疑是教育改革的主旋律，阅读能力的提升是培养语文学科素养的重要途径，大量阅读文学作品能丰富学生的学习路径，并得到优秀文化思想的熏陶。语文教学除了注重基础知识的传授，也应该注重学生思想和意识的培养，提升学生的文化素养。整本书阅读对当下学生的成长情况与特点具有较强的针对性，能为学生提供完善的语文阅读空间，促进学生思维的成长，同时可以帮助学生发现更多获取知识的路径，加强学生的自主学习能力，使学生能在阅读的过程中思考和分析，帮助学生在系统化的整本书阅读中培养逻辑思维，进而完成素质教育的任务。所以，作为小学语文教师的我们，应开展有效的课外阅读活动，提高学生阅读水平，进而提升学生的语文核心素养。通过开展小学语文整本书阅读教学，能让学生了解更多的民族文化和其他领域的知识，提升学生的知识储备，实现综合性课堂教学。

四、学生形成良好阅读习惯的关键

（一）提高学生对课外阅读的重视程度

小学生正处于活泼好动的年纪，很多学生难以自觉地完成课外阅读任务，更不会主动培养自己良好的阅读习惯。为此，学校和家长要联合起来，形成教育合力，帮助学生认识到阅读的重要性，认识到阅读能带给自己哪些帮助和益处，进而激发学生的阅读积极性。教师可以通过讲故事、案例介绍、课堂演绎等多种多样的方式，让学生认识到阅读对自己的重要意义。同时，教师可以带领学生开展读书活动，尤其要开展好导读活动，让学生感受到在书海中遨游的乐趣和意义。另外，家长在家中也要经常向孩子渗透阅读习惯养成的重要性，积极营造书香家庭氛围，帮助学生养成良好的课外阅读习惯。

（二）教会学生阅读的方法

要想培养学生的课外阅读习惯，就要让学生感受到阅读的乐趣。而要让学生感受到阅读的乐趣，就要帮助学生掌握阅读的正确方法。首先，要教给学生诵读和精读的阅读方法。诵读是学生有效感知文本、进行阅读体验的第一步。例如，低年级学生在诵读朗朗上口的儿歌的过程中，需要调动自己的眼、口、耳等多种感官，体会文章的大致内容，感受语言文字的美，获得初步的体验，形成一定的语感。诵读完成后，就要进行精读。除了要了解文章的大意之外，还要仔细阅读文章，了解文章细节、语言特点和写作思路等。要一边阅读一边思考，细细体会文章的精彩片段或是自己很有感触的语段，甚至将自己的所思所想写下来，对文章形成深入的思考。其次，要教给学生扩展阅读的方法。教师教完课文后，可以进行课外阅读扩展，引导学生阅读与所学课文相关的内容，如从节选的课文扩展到阅读整篇文章或整部作品，让学生通过整体阅读更全面、更深入地感受文本，还可以从某位作家的某篇文章扩展到阅读这位作家的其他文章，让学生充分感受这位作家的写作风格、个人特色。这种课内与课外阅读的有机联系，可以使学生的语文学习更加系统化、综合化，从而提高学生的语文素养。

（三）营造浓厚的阅读氛围

温馨舒适的阅读环境有利于学生更好地进入阅读状态。因此，教师要为学生打造一个独立的阅读空间，划定一个固定的阅读区域。例如，教师可以打造一个专门放置图书的书柜，陈列适合学生阅读的书籍，为学生营造温馨舒适、轻松愉快的阅读环境，以吸引学生课下在这里进行主动阅读，培养学生的课外阅读习惯。同时，学校应该注重阅读环境的打造，在显眼的位置张贴关于读书的标语，在公告栏张贴好书推荐名单及学生关于读书的优秀作文等，还可以举办一些趣味阅读活动，引发学生对阅读的重视，让学生时时刻刻都能感受到阅读的魅力，从而激发学生的阅读兴趣，培养学生的阅读习惯。学校还应该始终开放图书室和阅览室，让学生有更多机会阅读更多种类的书籍，为学生创造更多的阅读机会，营造浓厚的阅读氛围。另外，家长是孩子的第一任老师，家长的行为习惯能极大地影响孩子。因此，家长应该从自身做起，为孩子树立读书的榜样，在家中多看书，并引导孩子阅读，营造浓厚的家庭阅读氛围。

小学语文课外阅读指导现状

　　课外阅读指导一直都是小学学习阶段的重要组成部分，教育部推荐了中小学生必读读物和选读读物，但从实际情况来看，课外阅读指导在小学教学过程中的落实情况还不够理想。大多数学校都配有图书室，有的还设置了读书长廊、图书角等，购置了大量的书籍，让学生有书可读。但是怎样读书呢？学校有没有开展读书方面的活动或是有没有研究过怎样引导学生进行课外阅读呢？这是目前我们教育工作者应该要思考的问题。有些小学语文教师有课外阅读意识，会在作业中布置一些阅读课外读物的作业，但是小学阶段的学生贪玩好动，回家完成书写作业之后很可能会忽视阅读类作业。对学生来说，这种课外阅读作业教师不会检查，即使不读，也没有什么影响，即使有一部分学生能完成教师指定的阅读作业，但大多也是略读，导致教师布置的阅读作业没有得到应有的效果。由于课外阅读指导教学的特殊性，语文教师想要进行阅读指导就必须了解学生课外阅读程度，但要准确了解每一个学生的阅读完成情况，这对教师而言难度太大，久而久之，课外阅读指导在语文教学中的地位越来越低，甚至变得可有可无。这样的课外阅读方式违背了设立课外阅读指导的初衷。

　　"双减"政策要求减轻学生负担，促进学生个性化发展，加强课后学习习惯的培养，其中，引导学生在课后完成阅读是非常重要的。小学生的阅读能力直接关系到学生个人素质的成长以及以后的高阶学习，但在缺乏有效创新的情况下，目前有部分教师更多的是采用统一的教学模式，即在教师的指导带领下，学生对一篇课文进行统一的阅读理解和分析，并掌握其中的关键字词和中心思想。整本书阅读教学不仅注重广大小学生的阅读理解，而且更尊重小学生的喜好和兴趣，这要求语文教师在阅读过程中扮演好引导者、教学辅助者等角色，培养学生良好的阅读习惯。整本书阅读教学已经跳出了统一阅读教学的桎梏，而且更加重视学生在阅读活动过程中的主体地位，在"双减"政策实施的背景下，一定能为学科育人教学理念的落实助力。

《义务教育语文课程标准（2022年版）》明确指出：应统筹安排课内与课外、个人与集体的阅读活动，宜集中使用每学期整本书阅读课时，兼顾教师指导和学生自主阅读，保证学生在课堂上有时间阅读整本书；指导学生认识不同类型图书的特点和价值，根据自身实际确定阅读目的，选择图书和适宜的版本，合理规划阅读时间；应创设自由阅读、快乐分享的氛围，善于发现学生阅读整本书的成功经验，及时组织交流与分享；善于发现、保护和支持学生阅读中的独到见解。同样，统编版小学语文教材也将阅读提到了前所未有的比重，着力凸显"读书意识"，旗帜鲜明地将"课外阅读"作为单元的一个板块，每册教材中都设置了"快乐读书吧"栏目。"快乐读书吧"栏目的设置旨在引导学生课外阅读，拓宽学生的阅读视野，教授基本的阅读方法。然而，对"快乐读书吧"的课堂教学，很多教师依然停留在单篇教学、传统导读的教学方式上，还没有充分落实教材编排的意图。"快乐读书吧"栏目是连接课内外阅读的重要桥梁，教师应利用好"快乐读书吧"栏目，发挥好教师导学的作用，培养学生阅读课外书籍的兴趣，教授读书的基本方法，从而引导学生将课内阅读延伸到更为广阔的课外，运用课内习得的方法进行课外阅读。同时，教师要积极进行阅读教学的实践与运用，上好"快乐读书吧"的导读课、推进课和展示课，使课外阅读课程化，激发学生阅读兴趣，引导学生一本书接一本书持续地读，培养其阅读能力，提升其语文素养。

叶圣陶先生非常重视整本书阅读的学习策略，他认为，必须在语文教材以外再读其他的书，以拓展学生的阅读空间，读整本书可以使学生接触到各种文学体裁，丰富的阅读经验会让学生的阅读之路不再举步维艰，而是可以变阅读为悦读、会读、善读。温儒敏教授在多次讲座中倡导要多读书，读好书，整本书阅读。

要让学生学会读整本书，教师就要重视整本书阅读教学。小学语文学习中的整本书阅读教学，指的是教师采用目标导读、内容推进与分析分享等阅读方式，指导学生从对话文本延伸到整本书阅读，从而提高学生的阅读能力水平。

小学时期是学生从形象思维阶段发展到抽象思维阶段的重要时期，因此，教师应根据学生的学情，在学生知性与感性经验中建立表象记忆，帮助学生在整本书阅读中阅出真知，读出智慧，由外在的浅层直观化学习转化为深度内化式学习，以实现小学语文阅读教学效率与效果的有效提升。

基于需求指导整本书阅读

《义务教育语文课程标准（2022年版）》指出：整本书阅读旨在引导学生在语文实践活动中，根据阅读目的和兴趣选择合适的图书制订阅读计划，综合运用多种方法阅读整本书，借助多种方式分享阅读心得，交流研讨阅读中的问题，积累整本书阅读经验，养成良好的阅读习惯，提高整体认知能力，丰富精神世界。当前，课程与教学领域正在发生重大的转向。教什么和怎么教是不可分割的，教什么往往决定了怎么教，如果你单纯教知识，那么接受式教学比较适合，如果你想教方法和能力，想教态度和兴趣，那么单纯的灌输式教学是很难奏效的。这一转向的基本路径大致如高文教授所描述的那样："从标准化转变为根据学习者的需求进行定制，从关注教材的呈现转变为重点分析学习者的需求，从内容的灌输转变为帮助学习者理解。"整本书阅读教学理应遵循此路径。什么是学习者的学习需求？为什么整本书阅读必须基于学习需求？为了回答这些问题，我们结合课程理论和相关文献等，历经5年的教学实践，逐步尝试探索，基于学情设计课程。

一、整本书阅读需要进行课程设计

有效的课程设计必须从以下三个方面描述学习者的特征。

（1）认知特点：包括学习者特定的先行知识、一般能力、特殊能力、发展水平、语言发展水平、阅读水平、认知加工的风格、认知和学习策略等。

（2）情感特征：包括兴趣动机、学习动机、对学科内容的态度、学习态度、对特殊形式媒体的感知和经验、学业自我概念、焦虑水平、信念和对成功的归因等。

（3）社会性特征：包括同伴关系、合作或竞争的倾向、道德水平、社会经济背景、种族/民族背景、从属关系和榜样等。

有学者则认为对学习者的分析一般包括以下三个方面的内容。

（1）学习者对特定的学科内容已经具备的有关知识与技能。

（2）学习者对相应的学习内容的认知与态度，即学习者的初始能力和教学起点。

（3）学习者的一般特征，即能对学习者的学习产生影响的心理、生理和社会特点以及学习者的学习风格。

有效的课程与教学必须建立在对学生充分了解的基础上，否则必将是镜花水月、空中楼阁。也就是说，设计整本书阅读课程体系，必须充分了解学生的阅读特征、阅读习惯、阅读需求以及其所具备的阅读能力。如果不考虑这些，贸然开始整本书阅读教学，就可能面临"盲人骑瞎马"的危险境地。

二、整本书阅读需要激发学生阅读需求

对学生的了解，关键是分析学生的需求。整本书阅读究竟读什么？这不是教师凭空拍脑袋就能决定的，必须通过大量的调研，了解学生的兴趣爱好、阅读目的等各类需求才能决定。"学习需要"包含"学习愿望"或"学习动机"，也就是学习者在"想要"层面上的"学习驱动力"，大致可归属于学习者的情感态度层面。

现代学习理论认为，动机是学习过程中不可或缺的因素，它以情绪、态度和意志等模式呈现，与学习的内容和结果同等重要。学习个体通过动机因素在学习中发挥作用，因此动机被称为"情绪智力"。学习动机会影响学习结果。西方心理学家自弗洛伊德开始一直到皮亚杰都强调学习过程深受动机和情绪的影响。现代脑科学研究也证明，情绪和感受是一种调节机制，它们接收来自身体和环境的冲动，从而激发学习者的活动、思想和学习。英国心理学家约翰·赫伦认为，一个人既不能将理智从生理中分割出来，也不能将理智从情绪中分割出来。在学习过程中，动机的重要性不言而喻。基于需求的整本书阅读必须深入分析学习者的学习动机。如果整本书阅读没有切中学生的需求，没有激发学生的阅读动机，没有唤起学生的读书欲望，那么，教师所面对的必将

是一场可怕的"灾难"。因为如果单篇阅读教学没有顾及学情，还容易"翻篇"，容易转换；如果整本书阅读没有获得学生的认可，其危害不容小觑。一旦切中学生的兴奋点，整本书阅读的潜力则会得到充分的发挥。所以，了解学生需求，就易于触动学生的兴奋点，易于激发学生动机。为此，在教学实践中，我们在整本书阅读教学之前，必定会采取多种方式导读，如开展相关专题讲座、知识竞赛、课本剧演出、读书会、辩论会等富有"仪式感"的活动，以此不断预热，努力营造浓厚的读书氛围，以充分激发学生的阅读期待。

三、整本书阅读需要依托学生阅读经验

此处的学情还有一层含义，那就是学生的阅读经验。"经验"有两个层级：一是已有的学习经验，这些经验可能会对学生新的学习产生各种影响；二是学生所缺失的学习经验。我们将前者称为先拥经验，而将后者称为待建构的经验。其中，先拥经验又分为正面经验和负面经验。所谓正面经验，是指能对学生当下的学习产生积极影响的经验；负面经验，则是指可能会造成学生学习障碍的一些经验。整本书阅读教学的基本特征应该是"以学习者为中心"。换言之，就是基于学生需求构建适宜的整本书阅读课程。具体来说，就是致力于分析学生的实际状况，并找到学生问题的症结，然后据此确定教学目标与教学内容，并组织相应的教学活动，最终促使学生获得预期要达成的语文核心素养。

整本书阅读教学架构的作用

　　整本书阅读推开了学生认知世界的窗户，整本书阅读教学架构为学生指明了阅读方法的学习航向。在科学合理的阅读方法中品读文字、观察作者描述的情境、感受整本书中的中心思想、体会文字的深层意义，有助于学生在文学的天地中汲取民族文化与精神营养，树立正确的学习情感态度与价值观。

一、阅读指南，明确方向

　　基于统编版小学语文教材"快乐读书吧"的"阅读小贴士"的提示，针对图书内容各异的情况，教师在引导学生进行整本书阅读的过程中，既要在引导阅读目录中抓好起点指南，也要在促进语言运用中明确整本书阅读的学习目标。结合语文课程教学资源，遵循语文学习规律，教师以训练阅读方法为抓手，帮助学生在收获语文知识与技能的同时学会阅读迁移，学会以解决问题为目标的功能性阅读和以掌握整本书阅读方法为目的的发展型阅读，实现课外阅读与课内阅读的有效衔接。

二、创设情境，增强体会

　　学生的阅读体会，是指学生在整本书阅读的过程中，感受文中人、事、物对其身心的影响，从而引发出的各种感想与思考。耐人寻味的文本情境有助于增强学生的阅读期待与阅读体会。毋庸置疑，整本书的文字量有着更具体、更深入的描绘空间，生动的细节描写更会让学生的阅读情感逐渐升华，并跟随故事情节进入文本的语境，让学生产生共情。学生在整本书丰富多彩、生动有趣的阅读情境中，思想与情绪随着文本内容的推进跌宕起伏，体验深刻。学生在整本书阅读中，会提高信息提取、解释说明、推理判断等能力，在反思中、评价中创新语文学习能力。例如，在导读《安徒生童话》时，教师可以通过品读想象、角色体验等方式激发学生阅读《安徒生童话》的兴趣，并逐步引导学生习得边读边想象画面、把自己融入故事等阅读童话的方法，寓教于乐，在课外阅读中充分实践在课内习得的阅读童话的方法。

三、深度学习，提升素养

通过构建整本书阅读的架构，为学生提供科学合理的阅读方法，摒弃漫无目的、泛泛而读的浅层阅读，直接进入深层次的阅读学习，有助于学生学习到整本书中涵盖的语文知识与技能，让语文阅读学习的效率更高。学生阅读整本书，读到精彩处，如身临其境，语感、身感、境感处于合一的状态，阅读的是文字，对话的是作者，体会的是真情实感，感悟的是思想精髓。在这种深度学习状态下，学生学习到的是语文知识与技能，会形成良好的阅读习惯，汲取到的是文学思想的内涵与真谛，有利于提高语文核心素养。文字是思想与语言的智慧结晶，阅读文字就是接受语言与思想情感的熏陶，获取人生智慧。智育、德育、美育的一体化呈现，是整本书阅读无可比拟的优势，能为学生提供有质有量的营养。整本书的文字量为学生提供了足够丰富的语言，而整本书阅读的架构指导策略，是促进学生整本书阅读质的飞跃的催化剂。

整本书阅读常见的三种课型

　　教育家陶行知先生认为，阅读就是吸收；如同每天需要吃饭吸收营养一般，阅读是从精神层面吸收营养，学生通过头脑加工，再将这些精神营养通过书面或者口头形式表达出来，从而实现知识输入与输出的过程，而整本书阅读架构就是为阅读架起的彩虹桥。整本书阅读架构中三种课型的应用方法有着绚丽的色彩，学生通过整本书阅读架构的学习路径，从文本的文字进入整本书的世界，横向能拓展视域、拓宽知识面，纵向能提升思考维度，从而有助于培养语文核心素养。

一、读前导读

　　阅读实用性强，具有训练能力与渗透文化的价值。整本书的选择，从三个方面开始，即从增进知识储量、锻炼阅读能力、以开启人生智慧为总体原则的三个角度择书。而事实上，整本书有时候是这三个方面兼具的，所以需要教师先指导学生确定阅读的方向，然后进行导读。良好的开端是成功的一半。读书目的的确定是阅读的启航。导读课的内容包含两部分：一是读什么的问题，二是怎么读的问题。

（一）阅读材料的选择

　　整本书阅读材料的选择，需遵循符合教学规律、具有正面导向作用、整本书制作图文精美的原则，以促进学生的语文知识、技能与素养的综合性发展。除了统编版小学语文教材"快乐读书吧"推荐阅读的书目外，我们还可以引导学生选择适合他们阅读的整本书，一方面是与课文紧密联系的拓展式的整本书阅读，如围绕《大自然的声音》一课所开展的整本书阅读书目有《大自然的心声》《地球的笔记》《云朵工厂》等。另一方面是拓宽视野的自主阅读书目，这类书有《安娜的新大衣》《妹妹的大南瓜》《皇帝的一天》《植物的奋斗》《中国记忆·传统节日图画书》《史记》注音本，以及《洋葱头历险记》等。

（二）阅读指导

明确阅读对象并设计有效的教学导读环节。在阅读教学过程中，教师可依托教学导读环节，引导学生迅速掌握整本书的大致内容。教学导读主要具有辅助与引导作用，能快速将学生带入课堂的教学氛围中，提升教学效率，指导学生学习适宜的阅读方式。整本书阅读的指导角度多种多样：阅读与课文相关的整本书，教师可引导学生说明该书与课文的相同之处与相异之处；自主阅读整本书，教师可以指导学生采取研究书名、看目录、读前言、看后记、欣赏插图、分析文本结构、设疑故事情节等方式，帮助学生更好地完成整本书阅读。进行整本书阅读教学，教师首先要引导学生学习适宜的阅读方法。比如，批注式阅读法就是小学生整本书阅读有效的方法。批注式阅读法通俗地讲就是让学生利用标记或者注释来辅助阅读，可以标记的内容包括用词的手法、核心主旨、段落结构、描写方式或者情节等重要信息，体会作者想要表达的思想、情感，以提高学生的阅读能力。整本书阅读的模式与方法的采用是息息相关的。书名是整本书的核心，目录是整本书的引领，前言是整本书的印象，插图是整本书的点睛之笔，文本结构是整本书的龙骨，设疑故事情节是深入阅读的前提，优美词句是整本书的鲜活血脉，文本内涵是整本书的全部精神。这些整本书的阅读路径全在于一个"导"字，指导阅读，引导自读，倡导形成良好的阅读习惯。例如，导读《海底两万里》前教师必须自己先仔细阅读，备足功课，为上好导读课做充分的准备。

1. 分析书籍的阅读价值

《海底两万里》是儒勒·凡尔纳的"海洋三部曲"之一，小说以阿龙纳斯教授跟随尼摩船长的鹦鹉螺号在海底潜行两万里为主线，以其生动细腻的笔触向我们描绘了一个丰富多彩而又富有神秘色彩的海底世界，情节充满悬念、跌宕起伏，四个人物形象鲜明，内容更是涵盖大量的地理、历史、生物等方面的知识，使读者读之仿佛置身奇妙的海底，令人向往。作品以科学幻想为依据，构思巧妙、想象奇特，叙事节奏的安排张弛有度，悬念丛生。书中的尼摩船长神秘而博学，既厌恶人类又充满正义感，他奇异而怪诞的命运一直牵引着读者的心，读之津津有味，引人入胜。书中凡尔纳以精妙的语言、丰富的想象力向我们描绘了美丽壮观的海底世界，充满了浓厚的浪漫主义色彩。它既是一部优秀的幻想小说，又是一部科普作品，坚定了人们不断探索海洋的信心。同时，小说中超前的环保意识和生态观念借助尼摩船长宣之于众，也在一定程度上引发大家对海洋环境问题的深度思考。总之，《海底两万里》作为一部科学幻想小说，无论是在文学史上还是在科学发展史上都有着不可替代的价值。

2. 分析人物形象

尼摩是鹦鹉螺号潜水艇的船长，他本是来自印度的达卡王子，由于自己的家园被殖民者侵略，他对殖民者产生了深深的愤恨，继而发展成对整个人类社会的厌恶。于是，他切断自己与陆地的一切联系，沉入海底。作为一位知识渊博的工程师，他利用鹦鹉螺号保护自己的祖国不受外国侵犯，将打捞上来的海底沉船中的金银财宝用于支援陆地上人们的斗争。他是一位富有正义感和使命感的反抗压迫的勇士。他的性格复杂、思想偏激、特立独行，所以很难与他人建立平等的友谊。他在面对危险时，自信高傲，冷静果断；在面对弱者时，善良友好，重情重义。在海底两万里的世界里，他不被世人理解地孤身奋战着，只为了追求真正的自由，这正是他的探索精神。在海底、在南极，他坚定信念，勇往直前。他是一个勇敢的追梦者，也是一个疯狂的复仇者。

阿龙纳斯是巴黎自然史博物馆教授、海洋生物专家，在学术界颇有名望，有著作《海底的秘密》传世，对海洋有无限热情，对尼摩船长非常好奇，为人性格谨慎、心地善良，但稍微有点刻板。他收到政府远征考察活动的一封信，就义无反顾地前往，从中可以看出阿龙纳斯教授对科学考察事业的无限热爱。他极具正义感，希望能对人类、对社会做出贡献。

孔塞伊是阿龙纳斯教授的仆人。忠心，是他身上最宝贵的品质。他诙谐幽默、忠厚老实、性格开朗，对生物分类学有着近乎疯狂的痴迷，无时无刻不对眼前的动植物进行分类。在阿龙纳斯教授每次遇险时，都是他舍身相救，可谓忠肝义胆。

内德·兰德是一位脾气火暴、技巧高超的捕鲸人。他凭借丰富的捕鱼经验，总能临危应变，但是暴躁的性格又成为他最大的弱点。

3. 进行学情分析

小学高年级的学生喜欢阅读科幻类书籍，尤其喜欢阅读想象奇特、情节跌宕起伏的科幻类书目。六年级学生对选择读什么读物、读哪些"好书"，还不能很好地把握。这是在五年级经过快速阅读练习、六年级"快乐读书吧——漫步世界名著花园"大量阅读的基础上的一次整本书阅读。学生在小学中高年级的阅读实践中经历了"阅读要有一定的速度"，在平时的阅读过程中经常"圈点勾画"，这给本次阅读打下了良好的基础。

4. 设计导读活动

活动一：识"奇人"

了解作者，看内容猜人名，交流所感。了解作者，与已知建立联系，为后一环节的教学做铺垫，激发阅读兴趣。

活动二：赏"奇观"

学习阅读方法。初探路径，明确方法。

先由视频引入，再默读"漫步海底平原"部分文本，注意默读要有一定的速度。

说一说：这套潜水服看上去很"怪"，但是比起普通的笨重难看的潜水服，它有许多特别之处。你能说出它漫步海底平原所具备的优势吗？

想一想：海底世界如此斑斓炫目！告诉我们，有哪些美丽的事物映入你的眼帘？想象自己置身于这个场景之中，试着去感受凡尔纳是从哪些角度观察海底美景的。

谈一谈：回顾阅读历程。以阅读"漫步海底平原"部分文本为抓手，充分尊重学生的阅读体验，引导他们在阅读实践中提炼方法，小结阅读方法，将读整本书的主要方法明朗化，为阅读本书其他文本打下坚实的基础。

活动三：迁移实践，统整运用

首先，视频引入。

其次，运用上一学习环节总结的阅读方法阅读"一颗价值千万的珍珠"部分文本。

再次，说一说：你如何理解"大自然的创造力"与"人类天生的破坏力"之间的关系？

　　最后，想一想：珍珠是来自江河海洋的珍宝，海湾地区有着数千年的珍珠捕捞和贸易历史。结合珍珠的形成过程，想一想尼摩船长用独特的方法培育珍珠，是借鉴了怎样的巧思呢？如此，在课内阅读与课外阅读之间搭起了一座桥梁，运用课内习得的方法进行课外阅读实践。引导学生学会从读"这一组"到把握"这一类"，有利于阅读整本书能力的培养。

　　活动四：读"奇书"，拟订阅读计划

　　拟订读整本书的计划。运用"阅读手账"记录读书过程。展示"阅读计划表"，旨在培养学生读整本书的良好习惯。"阅读记录表"是本节课的阅读收获，为实际课外阅读活动中的延伸，搭起了"课内指导阅读"与"课外自主阅读"之间的桥梁，拓展更为广阔的阅读天地，同时为后续的阅读提供充分的保证。

二、读中推进

　　叶圣陶先生提出了关于整本书阅读的建议：运用研读语文课文得到的知识来阅读整本书，这才是语文学习的真正历练。因为文学体裁中的"记叙、说明、抒情、议论"等在整本书阅读中同样具备，而且具有更完整、更系统化、更具体化的特点。因此，专注的整本书阅读，可以让学生练习精读与速读，获得个性化的阅读体验。随着整本书阅读内容的不断推进，故事线索、情节主线、关键句等元素都会形成一种驱动力，学生的意识会融入文本的意境。语文教师可以为整本书阅读设置一个"问题链"式的学习任务，搭建问题支架，将整本书的内容串起来，学生在读文字、找原因中逐步解决问题，也逐渐展开了对整本书内容的学习。

　　疑为思之始、学之端，质疑为阅读带来思考，思考问题要通过阅读与分析逐步让问题清晰化。当问题得到逐步化解后，水落石出即阅读的真谛。在整本书阅读推进过程中，教师要强化阅读教学指导的针对性，着眼于学生的语言应用能力，着重潜移默化地培养小学生的阅读理解能力；结合班内学生的知识背景、性格特点以及兴趣爱好，抓住这本书阅读的重点以及学生在阅读中遇到的问题或是困难，有针对性地进行指导。在此基础上，为进一步提升小学生的阅读素养，教师还可以引入音频、视频、图片等多种交流素材，引导学生边思考、边阅读、边总结，不仅要关注作者"写了什么"，还要关注"是怎样写的，为什么要这样写"，逐步帮助学生完善阅读思路，拓宽阅读教学边界，提升整本书阅读的教学质量。

此外，统编版教材非常重视阅读分享与交流。随着阅读的推进，教师可以组织学生举办如读书交流会等各种形式的活动，引导学生分享阅读中的收获；或是让学生以小组为单位分享阅读记录卡；抑或是设计一些问题，启发学生共同讨论。学生通过积极交流自己的阅读感受，可以获得读书的成就感。例如，通过"读读童话故事"的交流课，学生产生阅读童话故事的兴趣，学生能坚持阅读自己喜欢的故事；通过交流，学生能了解童话故事的主要内容。

三、读后展示

阅读的是书籍，启迪的是智慧，提升的是素养。读书的目的，在于读书也在于书义。叶圣陶先生认为，语文教学的目标在于培养学生养成阅读书籍的习惯、欣赏文学的能力水平，以及训练写作的技能。也就是说，读书贵在读以致用。"在于读书"的意思是首先要把书的内容读懂；"在于书义"的意思是不能仅把注意力聚焦于书本身，也要将注意力投入文字背后的含义中。读书为的是明理，读书是知识内化的过程，只有吸收、重构与运用，才是真正的阅读。因此，指导学生分享阅读心得体会是语文教学的重要环节。让学生提出自己的观点，阐述阅读过程中与文本、与作者产生的共鸣，然后讲明自己的真实体会与收获，发展阅读能力，提升阅读素养，是整本书阅读的最终目的所在。这需要教师引导学生将整本书阅读的体会与实际中的学习与生活经验实现有效衔接。

（一）展示阅读收获

在读完整本书后，教师可根据小学生的特点安排展示课，指导学生回顾自己的阅读历程，发现不足，展示自己的阅读收获。例如，在《孤独的小螃蟹》展示课上，首先，教师以一个角色引出一本书，勾连学生对童话的已有认知，聚焦"读读童话故事"的主题，唤起学生的阅读期待。接着，教师用六个环节的教学，组织学生展示阅读收获。

（1）组织朗读大比拼，朗读优美句段；找到优美的句段，进行朗读比赛；

指名分享。通过展示一本带多本，从扶到放，让学生在快乐阅读的同时，自然无痕地养成阅读的好习惯。

（2）介绍自己最喜欢的角色：说一说自己最喜欢的角色及原因，如你为什么这样想？"快乐读书吧"每个主题都明确提出了学生需要习得的读书方法，以达成"一文一得""一课一得""一书一得"的目标，扎扎实实地落实阅读要素。通过提炼方法、迁移方法、实例运用的层层深入，调动学生学习的主动性，培养学生合作交流的能力。

（3）演技大比拼：小组合作表演最喜欢的故事情节。学生通过表演将自己对人物的理解表现出来，从而更深刻地理解人物的个性特点，培养阅读的兴趣。

（4）成果展示会：展示自己的成果和收获。通过展示自己的读书成果和收获，学生体会到读书的乐趣，激发读书的热情。

（5）说说心里话：小螃蟹还孤独吗？它是怎样收获快乐的？它后来变成了一只什么样的小螃蟹？你身边有这样的小螃蟹吗？请你们来夸夸它吧！恐龙鲁鲁还胆小吗？它是怎样变得胆大的？学生通过对人物的理解习得优秀品质，并转化为实际行动。

（6）推荐书目，布置作业，开启新的阅读之旅。以一本引出一类，让学生自主阅读有了更多的选择空间，能进行更广泛的课外阅读，扩充阅读量。读后展示课，让学生充分感受到课外阅读的快乐，乐于与大家分享课外阅读的成果。

教师在指导学生阅读分享的过程中，需明确教材与整本书的双线结构、写作异同点、阅读注意事项、阅读与写作的共生关系等元素。从书籍类型的角度来看整本书阅读，不同类型的书籍阅读方法的侧重点会有所不同。阅读知识性的科普类书籍，如《昆虫记》《世界100个文明奇迹》等，学生阅读重点是掌握全书的要点；阅读小说类书籍，如《男生贾里》等，学生则需要从故事情节入手，沿着故事情节的发展方向在阅读中逐渐与作者的思想相通，在潜移默化中提高自己的语文核心素养；阅读诗集，如《和大人一起读》《读读童谣和儿歌》等，学生的关注点应在于诗人的立意、情感抒发、诗心的表达等方面；阅读古书，如《三字经》《百家姓》《笠翁对韵》等，学生需要了解作者的年代背景，在身临其境中深谙其意。因此，整本书阅读的分享课，首先要让学生分析所阅读的书籍属于哪一种类型，然后将阅读过程中的问题、总结、心得体会、词句积累等以阅读笔记的形式呈现出来，这有助于学生增强记忆、加深体会、深度探究。

（二）创新课后阅读任务设计

"双减"政策颁布后，相关部门对学生的课后学习非常重视，这是教师需要重点关注的板块。有部分语文教师在教学设计中以课堂授课为核心，对课后练习的创新不够重视，导致学生很难获得较好的学习体验。整本书阅读要改变以前错误的教学理念，要把学生作为教学设计的出发点。小学语文教学需要根据学生的学习状态和接受能力使用相应的教学方法，从而使学生获得相对广阔的学习空间。教师通过有效的教学设计，合理的教学引导，让学生在阅读方向上有不同的选择；通过开展生活化的整本书阅读教学，让学生发现自身的个人爱好和发展潜能，培养学生的主动阅读意识，促进学生形成阅读习惯。在阅读中帮助学生更好地进入思考状态，是教师的教学思路之一。语文教学模式不能停留在现有水平，要从发展的角度去对待，在教学内容中不断地引入一些有效的教学策略。低年级小学生喜欢轻松快乐的氛围，教师需加强对教学活动的改善，用个性化阅读设计的方式引导学生阅读和思考。小学生的特点是敢于挑战，喜欢和同伴交流，教师可以利用这种特点，在课下开展读书竞赛和写作比赛活动。

首先是读书比赛。读书比赛不要限定时间，要拉长时间，可以是一学期或者是一个寒暑假，读书的范围也不固定，可以是科普类、科幻类、故事类、综合类。总之，所有适合小学生的课外书都可以，而且要鼓励学生互相交换图书来阅读，扩大阅读范围，同时鼓励学生在阅读后进行交流，抒发自己心中对作品的感悟，这样就初步积累了写读后感的素材。

其次是展示阅读成果。学生已经阅读了大量的图书，心中已经选定了自己最喜欢的书，也有了深刻印象和足够的感悟，这时盘点阅读收获水到渠成，学生写读后感不会再感到无话可写、无物可写，语言也不再匮乏了。一项又一项的阅读成果展示出来，教师可以组织学生进行赏析，由学生进行点评、投票、评比。对优秀的小读者予以适当奖励，这样才能让学生获得自豪感和满足感，体验到阅读的快乐。趣味性的整本书课外阅读教学活动拓展了学生的思维宽度，并帮助学生树立了一定的审美意识。

（三）组织团体阅读活动，强化阅读效果

团体阅读活动是提高学生阅读参与性、强化阅读效果的重要方式。整本书阅读活动设计要注重学科思维的培养，过于死板的学习模式不利于学生对语文知识体系的理解。目前有部分教师对学生的阅读思考和领悟力的引导不足，在阅读教学中以文章内容的讲解为核心，学生在学习中仅进行形式化的阅读，并没有理解文本真正的内涵。教师可以以整本书阅读活动为载体，提升学生深度阅读的能力；把枯燥的语文阅读教学变成活跃的活动教学，提升学生的理解能力；结合整本书的阅读活动，陶冶学生的情操，让学生用心去感受文章中蕴含的情感；帮助学生将阅读与理解相结合，更好地领悟文章中的文化内涵；通过团体性的阅读活动设计，为学生提供更多的阅读内容，帮助学生养成良好的阅读习惯，达成提高学生综合素质的教学目标。

为了给学生带来相对适宜的阅读教学活动，教师需要考虑学生的接受能力和心理特点，尤其是要提升学生在学习活动中的参与感。在这种情况下，我们可以借助合作方式的活动来提高学生的学习体验，同时让学生在活动中与身边的小伙伴互动交流，帮助学生感受到阅读的快乐，这是语文团体活动建设的基础。同时，教师要设身处地为学生着想，如果发现有一些孩子对阅读提不起兴趣，不愿意把自己的全部精力投入阅读中，就一定要以适宜的方式来引导学生，给学生一个积极展示自己的平台，让学生感觉到阅读活动并不是单纯的读书和阅读理解，从而以积极的心态面对读书活动，提高教学活动设计的有效性。

总之，整本书阅读教学要选择以学生为本位的阅读材料，融入语文学习过程。科学合理的整本书阅读架构，能让学生的阅读踏上高速路，乘坐上直通车。一心一意的导读方式，符合学生的身心发展规律、语文学习规律；一张一弛的阅读推进、多元化的阅读方式，能逐渐打开学生的心灵，学生在耳濡目染中心领神会，实现自读自悟，提高自主学习能力；一书一得，有阅读就有心得体会。同时，教师要注重阅读环境、阅读氛围的营造，让学生愿意参与阅读，注重阅读内容的讨论、阅读过程的分享，语言的交流带来思想的碰撞，分享阅读的体会可以提高思维的品质；让学生敞开心扉交流阅读的体会和感受，在一次次的阅读活动中，在阅读一本本书后，逐渐增强语言运用能力，提升文字的理解水平，在阅读中发展思维，在审美中促进语文核心素养的协调发展。

参考文献

［1］游哲钫.阅读的意义与课外阅读习惯培养探赜［J］.成才之路，2021（35）：64-66.

［2］吴桂芬.以核心素养为导向的小学语文整本书阅读指导策略研究［J］.中华活页文选（教师版），2022（7）：15-17.

［3］万伟.课程的力量：学校课程规划、设计与实施［M］.上海：华东师范大学出版社，2019.

［4］陈美珍.小学语文教学中整本书阅读的三种课型探究［J］.语文新读写，2022（1）：43-45.

［5］邓彤.整本书阅读的六项核心技术［M］.上海：华东师范大学出版社，2019.

［6］李怀源.小学读整本书教学实施方略［M］.上海：华东师范大学出版社，2020.

快乐读书吧·小故事大道理

《一只想飞的猫》整本书阅读导读课教学设计

【年级】

统编版二年级上册。

【教材分析】

在一年级"读书真快乐"及"读读童谣和儿歌"的基础上，本册"快乐读书吧"推荐的是"读读童话故事"，由"书目推荐"和"提示语"两部分组成。

"书目推荐"引导学生发挥想象力读童话，推荐了金近的《小鲤鱼跳龙门》、严文井的《"歪脑袋"木头桩》、冰波的《孤独的小螃蟹》、孙幼军的《小狗的小房子》、陈伯吹的《一只想飞的猫》。这些童话都是中国优秀的儿童文学作品，故事新奇有趣，文字浅显易懂，适合二年级学生阅读。丰富的书目让学生自主阅读有了更多的选择空间，能促使学生进行更广泛的课外阅读。在推荐书目之后，"书目推荐"还引导学生先通过书名猜测故事主人公和情节，再进行阅读，激发学生阅读兴趣，同时渗透读书的策略和方法。

"提示语"点明了本册"快乐读书吧"的教学要点，一是要"认识书的封面，知道书名和作者"，这是学生认识书的基本常识，引导学生拿到书时观察封面，说说自己会关注封面的哪些内容，可以与"书目推荐"中"看书名猜故事"的活动相结合。二是让学生交流保护图书的方法，认识到爱护图书的重要性，初步养成爱护图书的好习惯。

【读本分析】

（一）文学价值

童话故事《一只想飞的猫》的作者是陈伯吹先生。陈伯吹是跨越了中国现代和当代两个历史时期的儿童文学家、翻译家、编辑出版家和教育家，是中国儿童文学的一代宗师和巨擘。他在91年的生命履历中，怀着"为小孩子写大文学"的执着愿望，74年笔耕不辍。他创作了大量的儿童文学作品，出版了百余种著作。他是儿童文学创作的多面手，儿童文学中的小说、童话、散文、诗歌、科学文艺、寓言等各种体裁，他样样精通，样样都写得很出色。他的作品还被翻译成多种文字，介绍到海外。他的一生是为儿童的一生。他是"中国现代儿童文学的先驱与奠基人"，被誉为"东方安徒生"。他的执着和激情"在无数个人的童年期点燃了美丽的良知之灯"。

《一只想飞的猫》发表于1955年，是一篇针对中华人民共和国成立初期某些娇生惯养的儿童骄傲自大、好逸恶劳等缺点所写的讽刺故事。作品叙述了一只喜欢自吹自擂的猫厌恶劳动、顽皮无礼，不切实际地一心想飞而最终摔了跟头的故事，充满了轻松幽默的喜剧色彩。这只猫盲目地逞强好胜，吹嘘自己是赛跑健将、歌唱家和打鱼专家，甚至幻想飞上天去，可它却不愿学习，认为："我要飞，就能飞！只有那条笨驴子，不论做什么事，总得先刻苦学习一番，我可用不到！"作者将幻想与现实和谐地结合起来，在这只顽皮的猫身上非常巧妙地表现了儿童淘气的性格。由于作者熟悉儿童，作品中的许多细节准确细致地表现了儿童在特定状态下的微妙心理。通过一系列生动有趣的细节，这只"想飞的猫"骄傲虚荣、好逸恶劳的心理被表现得淋漓尽致。

（二）教学价值

二年级，是学生从亲子阅读到独立阅读、从读小故事到读整本书的关键过渡期，因此，整本书的读前指导显得尤为重要。

先看《一只想飞的猫》整本书编辑选编的独具匠心。学生只要读个开头，就能充分感受到这只猫的与众不同，它为什么产生想飞的念头？最终飞起来了吗？在好奇的追问、兴趣的激发中，想一气呵成地把它读完。

再看统编版教材"快乐读书吧"的编排。从一年级"和大人一起读"到二年级"我爱阅读"，名称的变化将带来教学的变化。在一年级上学期第一单元"快乐读书吧"中，学生学习了《读书真快乐》，了解了课外阅读的方式和基本途径；在一年级下册的"快乐读书吧"中，学生又阅读了童谣和儿歌《摇摇船》《小刺猬理发》。经过一年的学习，学生开始享受阅读的快乐，分享阅读的收获，渐渐养成了阅读简单小故事、童谣和绘本的习惯，喜欢阅读有生动插图的绘本故事，但是对文字量较大的书籍还少有接触。《一只想飞的猫》作为统编版教材推荐书目中的第一部需要完整阅读的书，内嵌于语文教材中，是一种正式学习活动的真正意义上的整本书阅读。

最后看课标的明确要求："培养学生广泛的阅读兴趣，扩大阅读面，增加阅读量，提高阅读品位。提倡少做题，多读书，好读书，读好书，读整本的书。"第一学段"课外阅读总量不少于5万字"。《一只想飞的猫》将"热闹派"文学经典与习惯培养教育相结合，夸张有趣的情节有助于点燃儿童的阅读兴趣，轻松浅显的语言有助于提高儿童的表达技巧，生动的插图能有效地激发儿童的想象力，是一本名副其实的适合二年级学生阅读的"好"书。如果能将这本好书完整地读下来，对学生走进整本书的阅读有重大意义。

结合课标要求、教材编排、儿童需要，教师在第一部整本书的阅读教学中，应着重培养学生良好的阅读习惯，遵循统编版教材"教读、自读、课外阅读"三位一体的理念。阅读指导的核心是激发学生的阅读兴趣。

【学情分析】

1. 学生爱看课外书这一点是毋庸置疑的，尤其是喜欢看图文并茂的课外书。虽然学生已到二年级，但还是选择篇幅短小、内容简单浅显的居多，如幼儿绘本。囫囵吞枣的浅阅读、过目即忘的快阅读以及只是家长读而孩子懒得读的现象正在悄悄弱化学生的阅读能力。

2. 这是在一年级"读书真快乐"及"读读童谣和儿歌"的基础上推荐的"读读童话故事"，是正式开启"整本书阅读"的第一步。在整本书阅读中，语文教师要担起总指挥的职责，既是策划者、引导者，也是执行者、参与者，应该更加重视学生阅读兴趣的培养、阅读方法的习得、学习能力的提升。

【教学目标】

（一）导读课

（1）认识书的封面，了解书名、作者等基本信息。

（2）初步养成爱护图书的好习惯。

（二）推进课

（1）产生阅读童话故事的兴趣，能坚持阅读自己喜欢的故事。

（2）能了解故事的主要内容。

（三）展示课

（1）感受课外阅读的快乐。

（2）乐于与大家分享课外阅读的成果。

【教学重难点】

认识书的封面，了解书名、作者等基本信息；初步养成爱护图书的好习惯；产生阅读童话故事的兴趣，能坚持阅读自己喜欢的故事。

【教学准备】

教师：设计调查问卷并进行分析，制作PPT。

学生：填写问卷，准备彩笔等有关学具。

【教学过程】

（一）导读课教学过程

据"点"导入，亮化主题，唤起阅读期待。

（1）猜一猜书名导入。

（2）聊一聊读过的童话故事。

设计意图：以一个角色引出一本书，勾连学生对童话的已有认知，聚焦"读读童话故事"的主题，唤起阅读期待。

（二）依"本"导学，凝合重点，培养读书习惯

（1）初识书的封面、书脊、封底。

（2）以《一只想飞的猫》为例，了解书籍相关信息。

设计意图： "快乐读书吧"栏目从二年级上册开始每册都有多本阅读书目的推荐，课堂上若每本都开展读前导学，只能是蜻蜓点水、浅尝辄止，达不到栏目的导学效果。此环节仅以《一只想飞的猫》为例，通过导学一本带多本，从扶到放，让学生在快乐阅读的同时，自然无痕地养成阅读的好习惯。

（三）循"法"导学，落实要素，提升阅读能力

（1）看一看：教师引导学生观察人教版《一只想飞的猫》的封面，关注书名、作者、出版社等信息，根据书名、插图猜一猜故事的主人公及故事情节，学习认识封面的方法：看与猜。

（2）观察《一只想飞的猫》其他版本的封面，指名交流。

设计意图： "快乐读书吧"每个主题都明确地提出了学生需要习得的读书方法，达成"一文一得""一课一得""一书一得"的目标。此环节将"读封面"的方法细化为几个操作性较强的小步骤，培养观察能力的同时让学生充分感受到"预测"这种阅读策略的好处，为三年级"预测"阅读策略的学习做铺垫，扎扎实实地落实阅读要素培养。通过提炼方法、迁移方法、实例运用的层级深入，调动学生学习的主动性，培养学生合作交流的能力。

（四）片段展示，阅读分享，激发阅读兴趣

（1）展示朗读精彩片段。

（2）指名分享，读前"剧透"。

（3）播放视频，设置悬念。

（4）师生合作：我们一起读。

设计意图： 通过展示朗读精彩片段和读前"剧透"，设置悬念，激发学生的阅读兴趣。

（五）联系实际，交流做法，渗透护书教育

（1）交流爱护书籍的方法。

（2）引导读书后整齐摆放。

设计意图： 在交流和对话中，渗透爱护图书、保护图书的意识和习惯。

（六）推荐书目，布置作业，开启阅读之旅

（1）推荐阅读书目。

（2）布置作业：拟订阅读计划。

设计意图：以一本引出一类，让学生自主阅读有了更多的选择空间，能进行更广泛的课外阅读，扩充阅读量。

【板书设计】

快乐读书吧·读读童话故事
一只想飞的猫

识封面

爱护书

看 猜

附：

《一只想飞的猫》阅读推进课及阅读展示课的教学过程简述

推进课教学过程简述：

一、展示"阅读记录表"，介绍阅读进程。

二、谈谈自己感兴趣的内容。

三、聊聊自己的阅读经历。

四、交流阅读收获。

1. 这只猫为什么想飞？

2. 这只猫在"飞"的过程中有哪些奇遇？

展示课教学过程简述：

一、读一读：朗读优美句段。

二、说一说：介绍自己最喜欢的角色。

三、展一展：展示亲子共读视频。

四、演一演：小组合作表演最喜欢的故事情节。

五、评一评：这是一只怎样的猫？在你的身边，有没有这样的"猫"？如果有，你想对它说些什么？

注：以上是笔者在"筑梦黔行—教研提质"——省易地扶贫搬迁安置点学校质量提升项目第二阶段活动中执教示范课的教学设计。

快乐读书吧·在那奇妙的王国里

《安徒生童话》整本书阅读导读课教学设计

【年级】

统编版三年级上册。

【教材分析】

三年级上册"快乐读书吧"安排在第三单元，本册"快乐读书吧"以"在那奇妙的王国里"为主题，引导学生阅读中外经典童话。本册"快乐读书吧"紧扣单元主题和语文要素，是对二年级上册"快乐读书吧"读读童话故事的提升，体现了教材的螺旋递进、层层深入的特点。

本册"快乐读书吧"由导语、"你读过吗"、小贴士和"相信你可以读更多"四部分组成。导语描述了四个充满想象而又美好、温馨的画面，旨在激发学生阅读童话的兴趣。"你读过吗"和"相信你可以读更多"，通过列举经典故事、展示精彩片段、简要介绍故事内容的方式，引导学生阅读《安徒生童话》《稻草人》和《格林童话》。这三本童话集选编的都是脍炙人口的经典童话故事，而且贴近儿童生活、趣味性强、想象奇特、语言生动，适合三年级学生阅读。小贴士提出了本次读书活动的阅读要素。第一个小贴士要求学生读童话时，边读边发挥自己的想象，以感受童话的魅力。这是对本册教材"童话世界"单元"感受童话丰富的想象"这一语文要素的巩固。第二个小贴士要求学生把自己融入故事，设身处地、感同身受地去阅读。

【读本分析】

汉斯·克里斯汀·安徒生是丹麦19世纪童话作家，被誉为"世界儿童文学的太阳"。安徒生的代表作有《海的女儿》《拇指姑娘》《卖火柴的小女孩》《丑小鸭》《皇帝的新装》等。他的作品《安徒生童话》已经被译为150多种语言在全球各地发行和出版。

（一）文学价值

《安徒生童话》中有许多想象、夸张、拟人的快乐因素，同时它的内容丰富多彩，形象具体，能让孩子在不知不觉中获得艺术熏陶，潜移默化地培养孩子的阅读兴趣，形成良好的阅读习惯。童话是文学的一种，而文学是通过语言来表现的。给孩子读童话，让孩子表演童话，也能帮助孩子学习文学语言。童话中的形象角色相当广泛，上自日月星辰，下至鸟兽鱼虫，不论是具体物质还是抽象概念，在童话里，都有可能成为具有思想性格的人物。我们可以在故事里引导孩子，让孩子学会对自然与社会进行观察与思考，让孩子发挥想象，创造不同版本的童话故事。

（二）教学价值

在中国儿童文学史上，安徒生是一个从不曾被忽略的名字。《安徒生童话》对中国读者的影响是持久而又深远的。中华人民共和国成立后，经由叶君健的翻译和介绍，《安徒生童话》开始在中国广为传播，安徒生成为"一个具有充分民主主义和现实主义倾向的作家"。可见，我们对《安徒生童话》的认识，带着十分鲜明的时代特征，作为一个被阅读、被借鉴、被解读的异文化文本，其具体被接受的情形是随着接受语境的变化而变化的，不同历史时期，不同的接受者有不同的期望值。如何尽可能地抛开历史文化、社会政治等时代因素的束缚，从而达到对安徒生童话本真意义的趋近成为我们要思考的问题。历经百年，《安徒生童话》仍然是孩子们首选的"恩物"，是毋庸置疑的经典。

在计算机网络、多元媒体高度发达的今天，文学对真、善、美的歌颂，对光明与和平的向往，对善良、博爱、正义、道德、幸福的肯定，对自然万物充满诗意的描写与赞美，对幻想、浪漫、创新的描绘，都是我们这个世界所需要的。所以，在今天多元媒体的消费形态下，当一些当代儿童文学作品在传播和接受领域里被迫撤退的时候，以《安徒生童话》为代表的童话名著却不断地被重版、被改编。《安徒生童话》所包含的审美价值正是儿童甚至成人所需要的，它为处于生存困境和焦虑中的当代人提供了一片精神上的净土。作为一部童话，其独特的经典气息为审美逐渐变得感官化、平面化、零散化的当代少年儿童保留了一幅纯净、绚丽的艺术图景。

【学情分析】

统编版教材中"快乐读书吧"栏目的主题内容都与所在单元的语文要素紧密相连。从三年级开始，教材中的课文分为精读、略读两类，加上课外阅读，形成了三位一体的阅读教学体系。这一学段的"快乐读书吧"栏目开始重视叙事性作品的阅读，并在形式安排、主题内容、语文要素等方面形成了相对独立的体系。学生经历了第一学段四次的"快乐读书吧"活动，对如何开展"快乐读书吧"活动有了一定的认识和经验，掌握了看封面、读目录，在老师的帮助下制订阅读计划等方法，这为开展这册"快乐读书吧"活动奠定了基础。

三年级学生的自我管理、自我约束能力和团队合作的意识开始逐步形成，是培养阅读兴趣、阅读习惯的关键时期，恰当的课外阅读指导能有效激发学生的阅读兴趣，助力学生语文素养的提升。

温儒敏先生指出："小学三年级以后，应当将更多的时间给学生自主阅读，教师主要教读书方法，起引导作用。"所以，激发学生的阅读兴趣，有效落实本次读书活动的阅读要素，是本节课的重难点。

【教学目标】

1. 能产生阅读《安徒生童话》《稻草人》《格林童话》的兴趣，感受课外阅读的快乐。

2. 通过品读想象、角色体验，习得阅读童话的方法。

3. 制订阅读计划，激发学做阅读记录的兴趣，培养良好的阅读习惯。

【教学重难点】

激发学生阅读《安徒生童话》《稻草人》《格林童话》的兴趣，通过品读想象、角色体验，引导学生习得阅读童话的方法。

【教学准备】

教师：制作多媒体课件，认真阅读《安徒生童话》《稻草人》《格林童话》三本书，准备阅读材料、设计阅读计划表。

【教学过程】

（一）激趣导入

（1）出示童话故事人物。

（2）引出本次"快乐读书吧"的主题。

（二）阅读片段，提炼方法

1. 边读边想象画面

（1）学生出声自由读，说一说：拇指姑娘坐在鸟儿的背上看到了什么？他们来到了什么地方？

（2）默读想象：哪一个场景触动了你？此时，你的眼前仿佛出现了怎样的画面？

（3）小结板书。

2. 把自己融入故事

（1）同桌合作画一画。

（2）交流想象的场景。

（3）如果你是拇指姑娘，离开了没有阳光、阴暗的地洞，此时会是什么样的心情？你会对燕子说什么？到了温暖的国度，你会做些什么？

（4）小结板书：把自己融入故事。

（5）拇指姑娘后来过得怎么样？她有没有获得幸福？

设计意图：通过品读想象、角色体验等方式，激发学生阅读《安徒生童话》的兴趣，并逐步引导学生习得边读边想象画面，把自己融入故事等阅读童话的方法，寓教于乐，授之以渔。

（三）拓展阅读，迁移运用

（1）出示《小意达的花儿》片段。

（2）学生自由出声读。

（3）交流获取的信息。

（4）分享想到的画面。

（5）把自己融入故事，谈感受。

设计意图：拓展阅读，运用习得的童话阅读方法阅读选段，培养阅读能力，增强阅读的信心。

（四）出示片段，猜想内容

（1）学生自由出声读《野天鹅》片段。

（2）"这些孩子是非常幸福的，然而他们不是永远这样。"猜想：后来，在他们身上发生了什么事情？

设计意图：读片段，了解大意，设置悬念，引导学生大胆猜想，激发阅读兴趣，同时为第四单元学习"预测"策略做铺垫。

（五）制订计划，培养习惯

（1）出示目录，指导学生制订阅读计划。

（2）出示范例，激发兴趣。

（3）学生阅读过程中，鼓励其做阅读记录。

设计意图：通过问题引领，梳理阅读思路，制订个性化阅读计划；提醒学生学以致用，在课外自主阅读中巩固运用学过的两种童话阅读的方法，为激励学生持续阅读建立良好的基础。

（六）推荐丛书，回归"奇妙"

（1）出示本次"快乐读书吧"推荐的三本童话。

（2）引导学生关注童话封面，激发其阅读兴趣。

（3）结语。

设计意图：整本书的阅读指导，应该做到兴趣与方法并重。通过阅读童话，学生重温了阅读方法，激活了对童话阅读的愉快体验，也在教师的引导下进一步提升了自身的阅读能力，可谓一举多得。

【板书设计】

快乐读书吧——在那奇妙的王国里
《安徒生童话》整本书导读

边读边想象画面
把自己融入故事

附：阅读选段

片段一：

"是的，我要和你一块儿去！"拇指姑娘说。她坐在鸟儿的背上，把脚搁在他展开的双翼上，同时用腰带把自己紧紧地系在他最结实的一根羽毛上。鸟儿就这样飞到空中，飞过了森林，飞过了海洋，飞过了常年积雪的高山。在寒冷的高空中，拇指姑娘冻得发起抖来。于是她就钻到鸟儿温暖的羽毛下面，只把她的小脑袋伸出来欣赏下面那些美丽的景致。

终于，他们来到了温暖的国度，那儿的阳光更加明亮。田沟里、篱笆上，到处都结满了最美丽的绿色和紫色的葡萄。树林里到处挂着柠檬和橙子。

——选自《拇指姑娘》

片段二：

这时客厅的门开了，一大群美丽的花儿跳着舞走进来。小意达想不出它们是从什么地方来的，它们一定是王宫里的那些花儿。最先进来的是两朵鲜艳的玫瑰花，它俩都戴着金皇冠——原来它们就是花王和花后。随后跟进来一群美丽的紫罗兰花和荷兰石竹花，它们向在场的各位致敬，还带来了一个乐队。大朵的牡丹花使劲地吹着豆荚，把脸都吹红了。蓝色的风信子和小小的雪莲花发出叮当叮当的响声，好像身上戴着铃铛似的。

——选自《小意达的花儿》

片段三：

当我们的冬天到来的时候，燕子就向一个辽远的地方飞去。在这块辽远的地方住着一个国王，他有十一个儿子和一个女儿。这十一个兄弟都是王子。他们上学的时候，胸前佩戴着星形的徽章，身边挂着宝剑。他们用钻石笔在金板上写字，能够把书从头背到尾，人们一听就知道他们是王子。他们的妹妹艾丽莎有一本画册，那需要半个王国的代价才能买得到。

这些孩子是非常幸福的，然而他们不是永远这样。

——选自《野天鹅》

注：以上是笔者在市教育局实施的"名师扶百校"教师素质能力整体提升帮扶工程系列活动中执教示范课的教学设计。

快乐读书吧·小故事大道理

《中国古代寓言》整本书阅读导读课教学设计

【年级】

统编版小学语文三年级下册。

【教材分析】

三年级下册"快乐读书吧"以"小故事大道理"为主题，引导学生阅读中外寓言故事，从中汲取智慧，学会分辨生活中的是与非，懂得为人处世的道理。

教材由导语、"你读过吗"、小贴士和"相信你可以读更多"四部分组成。导语用简练的话语点出了寓言的特点；小贴士提示了读寓言的方法；"你读过吗"和"相信你可以读更多"，通过展示精彩片段、内容概述等方法，推荐阅读中国古代寓言、伊索寓言和克雷洛夫寓言。

【读本分析】

我国浩如烟海的文化典籍中有大量精彩的寓言故事。这些寓言故事虽然内容不同、来源各异，却都对社会、政治、哲学、文化等各个领域产生着重要的影响。它们蕴含的深隽哲理至今仍具有深刻的现实意义。中国古代寓言故事既是中国式故事与寓言，又闪耀着中国传统文化智慧之光，具有较高的文学价值和教学价值。

（一）文学价值

寓言故事是文学体裁的一种，它的篇幅短小，语言精练，具有鲜明的哲理性和讽刺性，主题思想大多是借此喻彼、借远喻近、借古喻今、借小喻大，使深奥的道理从简单的故事中体现出来。典型化和夸张的手法，使寓言中的人物形象（包括拟人化了的动植物）既有浓郁的浪漫色彩，又真实可信。正是这种卓越的语言艺术，使读者感到简洁而不失优美，概括而不失生动。我国古代寓言文学在文学史上有着巨大的影响。从《世说新语》《搜神记》等早期逸事、志怪小说中，我们不难看到某些寓言文学的因素，也不妨把其中一些看成寓言故事。清代蒲松龄《聊斋志异》中的有些短篇也酷似寓言故事。有的戏剧作家还把寓言作为戏剧创作的素材。值得重视的是，我国古代寓言丰富和发展了我国的语言词汇。在汉语中，有大量的成语、格言都来自古代寓言。这些成语格言精辟凝练，含义深远，几千年来一直被广泛地使用，有着强大的生命力，是古汉语中的精华。

由陈先云等人主编、人民教育出版社出版的《中国古代寓言》，精选了76篇中国古代的寓言故事，编为6组。这些寓言均由相应的文言文改写成现代文。统编版语文教材"你读过吗"栏目中呈现的《叶公好龙》的故事就选自这本书。《叶公好龙》这个故事揭露了某些人虚伪的面目，他们好像很喜欢某种事物，其实并不是真的喜欢。本书中其他故事也都兼具趣味性和教育意义。阅读《疑邻盗斧》让我们知道：不能凭主观臆想去作判断，一个人带着主观成见去看待事物时，一定会歪曲事实本来的面貌；做人要实事求是，从实际出发，不能凭空猜想。《穿井得一人》则告诉人们：一个谣言，如果说的人多了，就会被人们当作事实。《借梯子》以一个迂腐的读书人的言行，教育学生做事要分轻重缓急，要学会随机应变。

（二）教学价值

古代寓言具有教化功能，是游说者对被说者的教育。例如，齐王就是受了邹忌的"教育"，才可广开言路；赵太后也是在触龙的"教育"下才弃个人情感而顾国家安全。另外，古代寓言之所以能在历史的长河中不断发展完善，很大程度上是因为寓言对人们具有教化功用。一代又一代的人们不断地通过寓言总结着自己的人生经验，下一代的人们又自觉或不自觉地从中借鉴经验，吸取教训，受到启迪。如果说人类是在寓言的教化下不断走向完善的有点夸张，但是，寓言在人类进化中的规范作用却是谁也不敢否认和低估的。我国古代寓言在提高我们民族的思维素质、塑造传统美德中所起的作用，有时候，并不亚于一些鸿篇巨制。

统编版教材通过《守株待兔》《陶罐和铁罐》《北风和太阳》《鹿角和鹿腿》《池子与河流》分别呈现了《中国古代寓言》《伊索寓言》《克雷洛夫寓言》的不同特色，而"快乐读书吧"为课内学习与课外阅读架设了桥梁，其目的是进一步培养学生的自主学习能力，通过阅读更多的寓言来巩固和提升其语文素养。对《中国古代寓言》来说，教学的重点应该是基于故事情节进行联想，丰富故事内涵，同时向生活延伸，使古人的智慧在三年级学生的心中生根发芽，启迪他们的心智。

课标明确要求："培养学生广泛的阅读兴趣，扩大阅读面，增加阅读量，提高阅读品位。提倡少做题，多读书，好读书，读好书，读整本的书。"第二学段对阅读的要求为：能复述叙事性作品的大意，初步感受作品中生动的形象与优美的语言，关心作品中人物的命运与喜怒哀乐，与他人交流自己的阅读感受。课外阅读总量不少于40万字。

结合课标要求、教材编排、儿童需要，在整本书阅读中，语文教师要担起总指挥的职责，既是策划者、引导者，也是执行者、参与者，应该更加重视学生阅读兴趣的培养、阅读方法的习得、学习能力的提升。

【 学情分析 】

1. 学生爱看课外书这一点是毋庸置疑的，尤其是喜欢看图文并茂的课外书。虽然学生已到三年级，但还是选择篇幅短小、内容简单浅显的居多，如短小的故事。另外，囫囵吞枣的浅阅读、过目即忘的快阅读，以及家长催读而孩子被动阅读的现象正在悄悄弱化学生的阅读能力。

2. 这是在二年级和三年级"读儿童故事"及"读童话故事"的基础上推荐的"读寓言故事"，统编版教材三年级下册第二单元是"寓言故事"主题单元，学生之前也在课外阅读过一些寓言故事，寓言故事具有鲜明的哲理思辨性，对学生有着积极的教育意义。因此，本次"快乐读书吧"寓言导读教学应以学生读懂故事为表，理解寓意为里，学生习得读懂寓言的方法，教师尝试通过多种途径达成教学目标。

【教学目标】

（一）导读课

（1）读寓言故事，读懂故事内容，感知寓言故事的特点。

（2）能体会故事中的道理，联系生活中的人和事深入理解。

（3）能产生阅读《中国古代寓言》的兴趣。

（二）交流课

（1）继续保持阅读寓言故事的兴趣，能坚持阅读自己喜欢的故事。

（2）能了解故事的主要内容并深刻理解其中道理。

（三）展示课

（1）感受课外阅读的快乐。

（2）乐于与大家分享课外阅读的成果。

【教学重难点】

读寓言故事，读懂故事内容，感知寓言故事的特点；能体会故事中的道理，联系生活中的人和事深入理解；继续保持阅读寓言故事的兴趣，能坚持阅读自己喜欢的故事。

【教学准备】

设计调查问卷并进行分析，制作PPT。

【教学过程】

课前交流：

（1）玩"大风吹"的游戏。

（2）介绍"阅读小达人"。

设计意图：玩"大风吹"游戏旨在了解学生，同时引入介绍"阅读小达人"环节，促进学生良好读书习惯的养成。

（一）先猜后说，激发兴趣

（1）看图，猜故事名。

（2）谈谈寓言的特点。

（3）想一想，说说自己读寓言的方法。

设计意图：猜故事名，回忆阅读方法，与已有经验建立联系，激发阅读兴趣。

（二）再读寓言，明确方法

（1）读一读《叶公好龙》这个故事名称，质疑。

（2）读第一自然段，你知道了什么？叶公到底有多喜欢龙？所以，故事名称读作？

（3）以此往下猜测，当真龙特地来拜访叶公时，叶公可能会怎样做？读最后一个自然段，故事的结局是什么？

（4）想一想：这则寓言告诉了我们什么道理？

（5）可以用"读、猜、想"的方法初步读懂寓言。

设计意图：以《叶公好龙》这则寓言为抓手，引导学生将读寓言的方法明朗化。以质疑为先，首先根据故事名称引导学生质疑，激发学生阅读兴趣，然后进入故事情境，引导学生抓住故事的结局体会叶公的荒诞可笑之处，想想这则寓言告诉我们什么道理。引导学生小结阅读方法，为阅读其他寓言打下坚实的基础。

（三）比较阅读，统整发现

1. 读《穿井得一人》《疑邻盗斧》（文言文）

（1）读故事的开始和经过部分。

（2）猜想故事的结局，填写学习单。

2. 小组合作交流

（1）与同学交流自己的猜测。

（2）对照原文结局，和你猜测的一样吗？

（3）思考原文结局的用意。

（4）想想寓言告诉我们的道理。

设计意图：在课内阅读与课外阅读之间搭起了一座桥梁，运用课内习得的方法进行课外阅读实践。对比阅读，关注寓言故事的结局，更容易明白寓言告诉我们的道理。引导学生学会从读"这一组"到把握"这一类"，有利于课外阅读能力的培养。此外，阅读文言文《疑邻盗斧》，既可以深化、拓展对寓言的理解，又可以培养文言文阅读的兴趣，一举两得。

（四）联系生活，感悟寓意

（1）创设生活情境，运用寓言委婉劝诫。

（2）联系生活中的人和事谈体会。

（3）小结：可以用"读、猜、想、悟"的方法，联系生活，读懂寓言故事。

设计意图： "想"是知识，"悟"是智慧，教师创设生活情境，运用寓言故事进行委婉劝诫。将寓言与生活中的人和事联系起来，引导学生从中汲取智慧，学会分辨生活中的是与非，懂得为人处世的道理。

（五）猜测故事，推荐阅读

（1）依据故事的开头、经过，猜故事结局：《不宜动土》。

（2）推荐学生阅读《中国古代寓言》。

设计意图： 猜测故事，唤起阅读期待。由读一个故事习得方法到读一组故事，再到读整本书。基于之前"快乐读书吧"栏目的学习收获，引导学生选购图书时关注封面信息、从目录中寻找相关内容等，结合生活实际，学以致用。

（六）养成习惯，快乐阅读

（1）养成良好的阅读习惯。

（2）激发快乐读书的兴趣。

附：

《中国古代寓言》阅读推进课及阅读展示课的教学过程简述

推进课教学过程简述：

一、展示"阅读记录表"，介绍阅读进程。

二、谈谈自己感兴趣的内容。

三、聊聊自己的阅读经历。

四、交流阅读收获。

展示课教学过程简述：

一、读一读：朗读优美句段。

二、讲一讲：讲讲自己最喜欢的寓言故事。

三、演一演：小组合作表演最喜欢的故事情节。

四、聊一聊：聊聊寓言故事带给我们学习与生活的启示。

注：以上是笔者在"第十届儿童阅读与语文创意教学观摩研讨活动——基于统编小学语文教材的群文阅读教学探索"中获一等奖的课例。

附件：

课外阅读相关图片如图4-1至图4-12所示。

图4-1 《中国古代寓言》阅读计划

《中国古代寓言》阅读记录表　　姓名：			
故事名称	猜一猜结局	原文结局	道理
《叶公好龙》	叶公欢迎龙	叶公连忙跑走	不要做虚伪的人，要做表里如一的人……
《穿井得一人》	……	丁氏说明实情：打井省得一个人的劳动力	不要轻信传言，要三思而后言……
《疑邻盗斧》	……	找到斧子，不再怀疑邻居	不能凭空猜想，做人处事要实事求是，从实际出发……
……	……	……	……

图4-2 《中国古代寓言》阅读记录表

图4-3　记录高手

图4-4　计划之星

图4-5　优秀读者

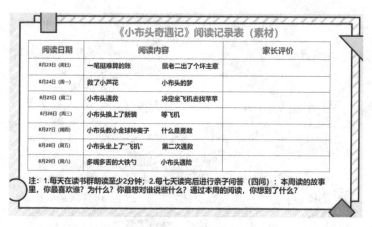

《小布头奇遇记》阅读记录表（素材）

阅读日期	阅读内容		家长评价
8月23日（周日）	一笔挺难算的账	鼠老二出了个坏主意	
8月24日（周一）	救了小芦花	小布头的梦	
8月25日（周二）	小布头遇救	决定坐飞机去找苹苹	
8月26日（周三）	小布头换上了新装	等飞机	
8月27日（周四）	小布头教小金球种麦子	什么是勇敢	
8月28日（周五）	小布头坐上了"飞机"	第二次遇救	
8月29日（周六）	多嘴多舌的大铁勺	小布头遇险	

注：1.每天在读书群朗读至少2分钟；2.每七天读完后进行亲子问答（四问）：本周读的故事里，你最喜欢谁？为什么？你最想对谁说些什么？通过本周的阅读，你想到了什么？

图4-6 《小布头奇遇记》阅读记录表

一年级下册"和大人一起读"阅读记录表(一)

阅读日期		阅读内容	家长评价
6月1日（周一）	第一单元	谁和谁好	
6月2日（周二）		亲子问答游戏（二问），上传视频作业	
6月3日（周三）	第二单元	阳光	
6月4日（周四）		亲子问答游戏（二问），上传视频作业	
6月5日（周五）	第三单元	胖乎乎的小手	
6月6日（周六）		亲子问答游戏（二问），上传视频作业	
6月7日（周日）	第四单元	妞妞赶牛	
6月8日（周一）		亲子问答游戏（二问），上传视频作业	

注：1.每一篇阅读材料在读书群朗读至少2分钟；2.每个材料读完后进行亲子问答（二问）：通过朗读XXX，你知道了什么？你想到了什么？

图4-7 一年级下册"和大人一起读"阅读记录表

《小巴掌童话精选集》阅读记录表三

阅读日期		阅读内容		家长评价
5月16日（周六）	五、善良的模样	雨伞下的歌声和笑声		
5月17日（周日）		犀牛和朋友	青蛙和绿色的伞	
5月18日（周一）		魔术大口袋		
5月19日（周二）		亲子问答游戏（四问），上传视频作业		
5月20日（周三）	六、懒惰的后果	气疯了的电风扇		
5月21日（周四）		洗四十双袜子的小波波熊		
5月22日（周五）		乌鸦先生的新巢		
5月23日（周六）		亲子问答游戏（四问），上传视频作业		

注：1.每天在读书群朗读至少2分钟；2.每个主题读完后进行亲子问答（四问）：在这几篇童话故事里，你最喜欢谁？为什么？你最想对谁说些什么？读了这几篇童话故事，你想到了什么？

图4-8 《小巴掌童话精选集》阅读记录表

《一起长大的玩具》阅读记录表 穆雨薇

阅读时间	阅读内容	自我评价	家长评价
5月10日	2—17页		阅读认真 ☆☆
5月11日	18—27页		阅读认真 ☆☆
5月12日	28—35页		阅读认真 ☆☆
5月13日	36—43页		阅读认真 ☆☆
5月14日	44—82页		阅读认真 ☆☆
5月15日	83—100页		阅读认真 ☆☆
5月16日	101—112页		阅读认真 ☆☆
5月17日	113—138页		阅读认真 ☆☆
5月18日	139—152页		阅读认真 ☆☆☆
5月19日	回读		阅读认真 ☆☆☆

图4-9 《一起长大的玩具》阅读记录表

《小猪唏哩呼噜》（上）阅读记录表 李晋鹏

阅读时间	阅读内容	自我评价	家长评价
6月6日(周日)	1~14页	我今天认真读了，知道了唏哩呼噜是谁	☆☆☆ 汪敏 6.6
6月7日(周一)	15~36页	我今天认真读了，知道了小猪吓跑大狼	☆☆☆ 汪敏 6.7
6月8日(周二)	37~51页	我今天认真读了，知道了小猪帮助小狼	☆☆☆ 汪敏 6.8
6月9日(周三)	52~70页	我今天认真读了，知道了小猪得到了大象帮助	☆☆☆ 汪敏 6.9
6月10日(周四)	71~89页	我今天认真读了，知道了月亮熊买小猪的肚	☆☆☆ 汪敏 6.10
6月11日(周五)	90~105页	我今天认真读了，知道小猪想要一辆自行车	☆☆☆ 汪敏 6.11
6月12日(周六)	106~127页	我今天认真读了知道了小猪要卖橘子	☆☆☆ 汪敏 6.12
6月13日(周日)	128~144页	我今天认真读了知道了小猪欠了象博士好多钱	☆☆☆ 汪敏 6.13
6月14日(周一)	145~186页	我今天认真读了知道了小猪买了一辆自行车	☆☆☆ 汪敏 6.14

图4-10 《小猪唏哩呼噜》（上）阅读记录表

《没头脑和不高兴》阅读记录表 刘梦笛

阅读日期	阅读内容	自我评价	家长评价
5月23日(周日)	1~28页	我知道了没头脑今年十二岁，他叫没头脑因为他可有脑，头还挺大。	大方，认真。(妈关称) ★★★★★
5月24日(周一)	29~47页	我知道了甄用工每天都很刻苦地练功，哪怕快除刻主坚晴，不然他就说一坐有感情	★★★★☆ (叔关称)
5月25日(周二)	48~72页	我知道了做人要懂礼貌不能像周闹一样，大喊大叫，要声音小一点。	态度端正(你稀有点随妈关称) ★★★★
5月26日(周三)	73~80页	我知道了我们要好好学习，学习不是别人帮你学的	声音洪亮，注意流利(刘称) ★★★★★
5月27日(周四)	81~97页	我知道了小妖精的朋友是阿土，小妖精很想帮那些想买不能实现的人	细心，认真，摘，指能力强(表称) ★★★★★
5月28日(周五)	98~115页	我知道了多多本是个很希望的孩子，一提到他女马就觉得很	认真用心(表关称) ★★★★☆
5月29日(周六)	116~121页	我知道了一天晚上青蛙爷爷在塘边讲故事，小青蛙们在旁边听。	用笔认真，用心(刘称) ★★★★☆

图4-11 《没头脑和不高兴》阅读记录表

图4-12 《兵圣孙武》阅读记录表